AF771814

WELT – GOTT – MENSCH

Ralf Herbig

Welt – Gott – Mensch

Eine anthropologische
Vorübung

MANUSCRIPTUM

© 2024
Manuscriptum Verlagsbuchhandlung Thomas Hoof
Lüdinghausen

Dieses Werk ist urheberrechtlich geschützt.
Jede Verwertung außerhalb der engen Grenzen des Urheberrechtsgesetzes ohne Zustimmung des Verlags ist strafbar. Das gilt insbesondere für Vervielfältigungen, Übersetzungen, Mikroverfilmungen und die digitale Einspeicherung und Verarbeitung in elektronischen Systemen.

ISBN 978-3-948075-03-3
www.manuscriptum.de

INHALT

Vorwort – 7

KAPITEL 1: DIE WELT

1.1 Das Chaos in kosmischer Auslese – 13

1.2 Monadologie –37

1.3 Erste Summe: Blasen und Korridore – 57

KAPITEL 2: VON GOTT

2.1 Das Evangelium vom fremden Gott – 79

2.2 Anmerkungen zum Gegenwarts-Christentum – 101

2.3 Zweite Summe: Unsichtbare Gewichte verschieben sich– 119

KAPITEL 3: VOM MENSCHEN

3.1 Person als Per-sonum – 133

3.2 Wiederkehrende Ornamente – 146

3.3 Dritte Summe: Menschwerdung – 168

Literaturverzeichnis – 183

Zusammenfassung in Schlagworten – 187

Den Rettern der Christen Syriens gewidmet.

Vorwort

Maximilian Krah hatte im Sommer-Podcast »Am Rande der Gesellschaft« aus Schnellroda für das Frühjahr 2024 eine politische Anthropologie in Aussicht gestellt, aber auch um Unterstützung bei seinem künftigen Deutlicher-katholisch-Werden gebeten: »Ich will da nicht im Regen stehen.« Der vorliegende dreiteilige Essay soll Dr. Krahs Vorhaben diesbezügliche Schützenhilfe geben, denn das Stakkato der gegenwärtigen Ereignisse deutet doch darauf hin, dass »es« langsam beginnt, ums Ganze zu gehen, um die Frage nämlich: *Wird das deutsche Volk gerettet werden?* und, damit zusammenhängend: *Findet der abendländische Mensch noch einmal eine Rolle im bereits laufenden Welttheaterstück mit dem Titel »Das 21. Jahrhundert«?*

Sehr viel – zu viel von dem, was das Abendland, was Europa einst groß gemacht hatte, ist gegenwärtig unter Trümmern begraben, die auf das Konto von Nihilismus, Gleichgültigkeit und auch bösartigem Zerstörungswillen gehen. Im Podcast beklagte Götz Kubitschek eine »ums Leben gekommene Transzendenz«. Ich bin zwar der Überzeugung, dass die Transzendenz gar nicht ums Leben gebracht werden kann, gebe jedoch zu, dass Wahrheit und Transzendenz zwei scheue Damen sind, die sich bisweilen sehr verschleiern. Wie in diesem Fall zu verfahren sei, lehrt die Berufung Samuels, aufgezeichnet im 1. Buch Samuel (3,2–9): Der Knabe Samuel schläft im Tempel des Herrn, nahe bei der Bundeslade, als ihn mitten in der Nacht eine Stimme weckt, die ihn bei seinem Namen ruft. Samuel steht auf und läuft zu Eli, dem Hohepriester, um ihn zu fragen, was er von ihm wünsche. Eli hat ihn aber gar nicht gerufen und schickt den Knaben zurück zum Schlafen. Dasselbe geschieht ein zweites und ein drittes Mal. Erst beim dritten Mal merkt Eli, dass Gott es selbst ist, dessen Stimme den Samuel ruft. Nun erst kann Eli den Knaben anweisen: »Gehe wieder hin und lege dich schlafen; und so du gerufen wirst, so sprich: Rede, Herr, denn dein Knecht hört.« Selbst der junge Prophet versteht zunächst also die Anrufung Gottes – die Anrufung aus der Transzendenz – nicht.

Die Transzendenz ist nicht ums Leben gekommen. Immer sind wir von ihr umgeben. Sie mag sich unerkannt geben – dann wirkt sie eben im Unsichtbaren. Selbst das Böse muss ja am Ende Gott dienen und das Werk des Herrn fördern – nur eben unfreiwillig. Dass dem so ist, scheint heute, Stand Ende Oktober 2023, vor unseren verwunderten patriotischen Augen langsam, aber sicher Momentum aufzunehmen.

KAPITEL 1:
DIE WELT

Frontispiz zu Bernard de Fontenelles Dialog
Entretiens sur la pluralité des mondes (Ausgabe von 1715)

1.1 Das Chaos in kosmischer Auslese

In seinem Werk *Das Chaos in kosmischer Auslese* aus dem Jahre 1898 setzt sich der Mathematiker Felix Hausdorff mit Nietzsches Gedanken der Ewigen Wiederkehr und, damit in engem Zusammenhang stehend, Kants Ding an sich auseinander. Hausdorff galt als vielseitig interessiert und umfassend gebildet. »Auch musikalisch begabt, war er mit Plänen umgegangen, Komponist zu werden, bevor er sich für das Studium der Mathematik und Astronomie entschied.«[1] In seiner Leipziger Zeit als Student und Dozent verkehrte er mit einer Reihe bekannter Literaten, Künstler und Verleger, darunter Hermann Conradi, Max Klinger, Max Reger und Frank Wedekind. Nach 1895 wandte Hausdorff sich von der Astronomie ab und er begann, sich mit der reinen Mathematik zu beschäftigen, zumal mit dem damals eben erst von Georg Cantor geschaffenen neuen Gebiet der Mengenlehre. Gleichzeitig widmete er sich philosophischen Tagesfragen, die damals von den Philosophien Schopenhauers und Nietzsches sowie vom Neukantianismus vorgege-

[1] Werner Stegmaier in seiner Einleitung zu Hausdorffs philosophischen Schriften (*Hausdorff, Werke*, Bd. 7).

ben wurden. 1898 erschien schließlich unter dem Pseudonym Paul Mongré *Das Chaos in kosmischer Auslese.* Die in diesem Buch vorgetragene Metaphysik-Kritik hat in Nietzsches Idee der Ewigen Wiederkunft ihren Dreh- und Angelpunkt. Hausdorff kommt zu dem Ergebnis, dass wir »die Welt an sich« als unbestimmt und unbestimmbar, ja als bloßes Chaos voraussetzen müssen.

Hausdorff konstruiert in *Das Chaos in kosmischer Auslese* ein menschliches Bewusstsein auf rein materialistischer Grundlage. Sein laut Untertitel »erkenntniskritischer Versuch« nimmt Maß an der damals brandaktuellen Darwin'schen Evolutionslehre. Bewusstsein entsteht in Hausdorffs Theorie nur in besonderen, günstigen Fällen von Molekülkonstellationen im ursprünglichen Chaos der Welt. Menschliches Bewusstsein ist, wie das Auftreten höherer Lebensformen in der Evolution, ein Produkt des Zufalls. Da das kosmische Chaos jedoch unablässig in das Dasein aller Lebensformen und somit auch der Bewusstseinsträger hineinregiert, kann jedes Bewusstsein nach Sekunden auch wieder ins Nichts zerfallen. Wir bemerken aber nichts von den Epochen unseres Nichtseins, weil in den Zeitspannen des Nichtseins eben auch kein Bewusstsein existiert – gleichgültig ob es sich bei den Zeitspannen des Nichtseins um Sekunden oder um Jahrmillionen handelt. Einem transzendenten Weltbeobachter würde sich das, was wir als ein Bewusstseinskontinuum erleben, lediglich als eine sinn- und zusammenhangslose Aneinanderreihung von unverbundenen, voneinander unabhängigen Zeitintervallen darstellen. Unser Bewusstsein treibt gleichsam »falsche Statistik«; aber zugleich wirkt es wie ein Sieb, das das ursprüngliche Chaos nach Ordnung, also in klassisch-antiker Sprache: »nach Kosmos«, durchsiebt. In das Chaos ist eine Vielzahl von Bewusstseinswelten eingesponnen, eine »pluralité des mondes«. Es sind allenfalls Gründe des Vorteils im Kampf ums Dasein, die die Bewusstseinsträger veranlassen könnten, miteinander in Beziehung zu treten, miteinander zu kommunizieren, über gewisse Bewusstseinsinhalte übereinzukommen. Aber eine gemeinsame Welt gibt es Hausdorff zufolge nicht, und »beim nächsten Mal«, das bedeutet *jederzeit,* kann die Bewusstseinsmonade aus ihrem Kosmos und aus dem Weltgewebe auch wieder hinauskatapultiert werden.

Bewusstsein ereignet sich als kosmischer Ausnahmefall. Geordnet und sinnvoll seien die erlebten und wahrgenommenen Phänomene nur deshalb, weil Bewusstsein und molekulares Chaos sich wechselseitig ausschlössen:

> Solange *[…]* im absoluten Geschehen nicht gerade diejenigen synthetischen Beziehungen zwischen den Elementen *a, b, c,* … auftauchen, die einer bestimmten Bewusstseinswelt entsprechen, solange existirt weder diese Welt noch ein Wesen, das sich über ihren Mangel beklagen könnte; erst wenn der Zufall jene festen Verbindungen constituirt, ruft er Bewusstseinswelt und zugehöriges Bewusstsein ins Leben.[2]

Die Welt erscheint somit als ein ungeordnetes molekulares Gewimmel ohne Sinn und Verstand – es gibt für Hausdorff keine Kosmologie, keinen Weltgeist, keine historische Entwicklung, keine Anthropologie, keine Ethik und keine Metaphysik. Das zufällige Zusammentreffen bestimmter Molekülaggregationen wird identisch gesetzt mit dem Auftreten von Bewusstsein – ja das Bewusstsein und die Bewusstseinswelt sind beide selbst nicht ver-

2 Felix Hausdorff, *Das Chaos in kosmischer Auslese*, S. 202.

schieden von der zufälligen Zusammenkunft sonst unabhängiger Elemente im »absoluten Geschehen«, im uns nicht zugänglichen Weltsubstrat. Weil unser Bewusstsein, unsere leibliche Existenz, die uns zu Bewusstsein kommende individuelle Welt das Resultat des Zufalls sind, können wir uns unserer eigenen Existenz nicht eine Sekunde lang sicher sein, denn im nächsten Augenblick könnten wir ebenso gut wieder von der kosmischen Bühne verstoßen werden: als Einzelwesen, aber auch als ganze Gattung. Und wir treten, so Hausdorff, tatsächlich ständig von dieser Weltbühne ab, am Ende eines jeden Bewusstseinsintervalls, sobald nämlich das transzendente Zufallsspiel die Bedingungen unseres Daseins nicht mehr herstellt. Nur trete uns das Verschwinden von der Weltbühne nie in die Sinne.

Ein anderer Aspekt von Hausdorffs Theorie ist die »Pluralität der Welten«: Es gibt keine Notwendigkeit dafür, dass verschiedenen Bewusstseinsträgern dieselbe Welt zu Bewusstsein tritt, denn das, was für das eine Bewusstsein die Erfüllung seiner Bedingungen sein mag, braucht es für ein anderes Bewusstsein keineswegs zu sein. Der bloße Zufall weist jedem Bewusstsein, jedem Bewusstseinsträger, jedem Menschen seine eigene Welt, seinen eigenen Kosmos, seine eigenen Bewusstseinsintervalle und seine eigenen ins Bewusstsein tretenden Phänomene zu. *Mein* im Wind wippender Grashalm, *mein* herabperlender Tautropfen, *mein* vorbeigaukelnder Schmetterling, *mein* Sonnenuntergang und *mein* nächtlicher Vollmond müssen überhaupt nicht Grashalm, Schmetterling, Sonne und Mond auch eines anderen Weltinsassen sein. Wenn sie es dennoch sind, dann nur durch Zufall, ja als potenzierter Zufall sogar, da die schiere Existenz eines mit mir gleichzeitigen zweiten Weltmitbewohners nur das Ergebnis eines doppelten kosmischen Zufalls wäre. Grundsätzlich, so Hausdorff, ist in das Chaos eine Pluralität von Welten eingesponnen; jede Monade besitzt ihr eigenes Universum, auch wenn dieses je eigene Universum die Bewusstseinsträger verleiten möchte, die Besonderheiten ihres Kosmos einem bewusstseinsunabhängigen transzendenten Weltkern beizulegen, den es in Wirklichkeit aber nicht gebe. Hausdorff fordert seinen Leser auf:

> [...] erkennen wir, dass in das Chaos eine unzählbare Menge kosmischer Welten einge-

> sponnen ist, deren jede ihren Inhabern als einzige und ausschliesslich reale Welt erscheint und sie verleiten möchte, ihre qualitativen Merkmale und Besonderheiten dem transcendenten Weltkern beizulegen. Aber dieser Weltkern entzieht sich jeder noch so losen Fessel und wahrt sich die Freiheit, auf unendlich vielfache Weise zur kosmischen Erscheinung eingeschränkt zu werden *[...]*.[3]

Hausdorffs mathematische Operationsbasis für seine Methode der Weltverfremdung ist die Behauptung, nur Kontinua von erfüllten Augenblicken ergäben einen Bewusstseinsvorgang.[4] Auf solche kontinuierlich erfüllten Bewusstseinsintervalle wendet Hausdorff sodann die Cantor'sche Mengenlehre an, die damals gerade erst im Entstehen begriffen war. Genauer: Er wendet das Konzept der allgemeinen Punkttransformation auf solche Bewusstseinsintervalle an. Unter allgemeinen Punkttransformationen versteht die Mathematik Transformationen oder Abbildungen, die ein gegebenes Punktintervall in ein gleich-

[3] Hausdorff, *Das Chaos*, S. 208.

[4] Hausdorff, *Tod und Wiederkunft*, S. 418.

mächtiges Zielintervall transformieren. Gleiche Mächtigkeit haben zwei Mengen, wenn sie aus derselben Anzahl von Elementen bestehen. Ins Metaphysische gewendet bewirkt dieser Abbildungsvorgang, dass Bewusstseinsintervalle in gleichmächtige Zielintervalle völlig unbestimmt bleibenden Inhalts im Transzendenten transformiert werden. Wenn diese Transformationen nicht als stetig vorausgesetzt werden (was sie nach Hausdorffs Meinung nicht zu sein brauchen, weil über die Natur des Transzendenten keinerlei Aussagen a priori gemacht werden können), kann von einer solchen allgemeinen Punkttransformation alle Ordnung, jeder Zusammenhang, die ganze Kausalstruktur des Ursprungsintervalls bis zur völligen Unkenntlichkeit aufgelöst und zerstört werden, ohne dass dabei die Abbildung ihre Haupteigenschaft, die Eineindeutigkeit, verlöre. Hausdorff schlussfolgert, dass sich das, was in den Bewusstseinsintervallen immanent (d.h. auf der Seite unseres Bewusstseins) als geordnet, als kausal verknüpft, als sinnvoll lesbarer Text erscheint, auf der transzendenten Seite (d.h. jenseits unseres Bewusstseins) als unkontrollierbares Chaos darstellt. Die Welt außerhalb unseres

Bewusstseins erweist sich daher als chaotisch, als ohne Sinn, Zweck und Ziel.

In der Richtung vom transzendenten Weltgeschehen ins Bewusstsein zurück gelesen, siebt also unser Bewusstsein eine ihm gemäße Ordnung aus einem Weltenchaos heraus. Das Bewusstsein lässt uns das transzendente Chaos als Kosmos erscheinen. Es wirkt wie ein Filter, aber als Welt verwandelnder Filter, wenngleich der ganze Vorgang unserem Willen entzogen ist und auch entzogen bleibt, denn das Bewusstsein selbst existiert Hausdorff zufolge ja selbst nur in »kosmischen Ausnahmesituationen«, in denen sich gewisse Atomhaufen zu einem menschlichen Leib und einem menschlichen Bewusstsein aggregieren:

> Sehen wir *[…]* ein Lebewesen als Atomschwarm an, dessen Theilchen nur bei einer ganz bestimmten Anordnung das bewusste Lebewesen constituiren, […] denken wir uns dann die Theilchen beliebig den Weltraum durchfliegen und sich nur gelegentlich und zufällig zu jener Anordnung zusammenfinden – so werden die Zeiten, da die Theilchen ungeordnet herumirren, in dem Bewusstsein jenes Lebewesens nicht vertreten sein; es wird, so-

> wie es sich stets als bewusst vorfindet, auch stets die sein Bewusstsein bedingende Anordnung der Atome realisirt vorfinden.[5]

Dieses biologistische Bewusstseinsmodell führt Hausdorff zwangsläufig zu heftigster Metaphysik-Kritik, die in dem Satz gipfelt: Es gibt jenseits unseres Bewusstseins keine Wahrheit. Die Welt unserer Erfahrung ist das Ergebnis einer darwinistischen Auslese, die wir unwillkürlich vornehmen. Wie die Welt »an sich« ist, müssen wir unbestimmt lassen. Schlimmer noch: Wir haben die Welt jenseits unseres Bewusstseins als Chaos anzunehmen. Letztlich, da es nach Gründen des Zufalls und der biologischen Auslese geschieht, »siebt« ein jeder von uns sich (unwillkürlich!) seinen Kosmos aus dem ursprünglichen Chaos heraus. Nur biologische Überlebensvorteile können dafür verantwortlich gemacht werden, dass wir uns mit einigen unserer Mitmenschen über gemeinsame Kosmoi verständigen können – im Prinzip jedoch sind wir alle Bewohner eines eigenen Kosmos und von den Kosmoi unserer Weltmitbewohner »transzendent geschie-

[5] Hausdorff, *Sant' Ilario. Gedanken aus der Landschaft Zarathustras,* No. 411.

den«. Es gibt keine Erkenntnis, die nicht den Duktus sowohl des Zufälligen als auch des Individuellen trüge. Wir leben alle in unserer eigenen Welt, es gibt eine Pluralität der Welten, also eine Vielzahl von Bewusstseinswelten, die a priori voneinander getrennt sind, zwischen denen es a priori keine Kommunikation gibt. Wir alle sind ein jeder für sich gebannt und gefangen in den Zeitintervallen unserer eigenen Lebensstrecke, wie das prähistorische Insekt im Bernstein. Erkenntnis und Bewusstsein geben nichts Bestehendes wieder und können auch nicht eingeübt oder verbessert werden, da sie ja nur rein passiv und nur auf materialistisch-biologistischer Grundlage etwas zum Gegenstand des Bewusstseins machen. Daher ist der folgerichtige Schlusspunkt von Hausdorffs ganzem Ansatz ein nackter Nihilismus: »Ein transzendenter Weltzuschauer würde das, was an Schönheit und Vernunft im Empirischen vorhanden ist, höchstens chaotisch verzerrt und keineswegs kosmisch gesteigert sehen.«[6] Und daher erscheint ihm die Welt jenseits eines Bewusstseins »als unsinnigste, unerträglichste, vernunftloseste aller Welt-

[6] Hausdorff, *Das Chaos*, S. 50.

formen, als tiefste Entwerthung menschlicher Werthe, als grausamer Hohn selbst auf die Grundvoraussetzungen des werthschätzenden und wertheschaffenden Lebens«.[7]

Hausdorff schreitet seinen »erkenntniskritischen Versuch« in Anlehnung an Nietzsche ab. Mit diesem stellt auch Hausdorff die kosmische Sonderstellung des Menschen infrage. Nietzsche hatte in Abschnitt 11 (»Das Bewusstsein«) seiner *Fröhlichen Wissenschaft* gesagt, der Mensch sei, und zwar immer noch, Teil des Evolutionsprozesses. Das menschliche Bewusstsein entwickle sich nach denselben Prinzipien wie das ganze Evolutionsgeschehen im Pflanzen- und Tierreich auch, nämlich nach dem Zufallsprinzip und in der Auswahl der Überlebensfähigen. Gerade im menschlichen Bewusstsein trete, so meint Nietzsche, da es bloß den vorläufigen Endpunkt der Entwicklung des Menschen markiert, der Evolutionsvorgang am deutlichsten hervor. Es trage noch alle Anzeichen des Unfertigen, des noch nicht vollständig an das Leben Angepassten an sich: »Wäre nicht der erhaltende Verband der Instincte so überaus viel mächtiger [...],

[7] Hausdorff, *Das Chaos*, S. 50f.

an ihrer Ungründlichkeit und Leichtgläubigkeit, kurz eben an ihrer Bewusstheit müsste die Menschheit zu Grunde gehen.«[8] Der Kern des Menschseins bestehe gerade *nicht* in seiner Bewusstheit, wie Descartes geglaubt hatte. Die Mitte des Menschen stelle auch kein metaphysisches Lebens- und Wahrnehmungszentrum dar, für das die Leibniz'sche Monadologie in ihrer Konstruktion der Monaden optiert hatte. Der Kern des Menschseins ist laut Nietzsche einfach derselbe wie der Kern des Tierseins: das Triebhafte, das Instinktive. Die Triebe seien bei Weitem lebenskräftiger als jener nebelverhangene metaphysische Gipfelpunkt mit dem Namen »Bewusstsein«, bei dem sich immer noch alles im Fluss befinde und sich alles erst noch klären müsse.

In der *Fröhlichen Wissenschaft* heißt es in Abschnitt 109: »Der Gesammt-Charakter der Welt ist dagegen in alle Ewigkeit Chaos, [...] im Sinne [...] der fehlenden Ordnung, Gliederung, Form, Schönheit, Weisheit [...].« Dieser Satz von Nietzsche weist Hegels Geschichtsphilosophie, den im Geschichtsprozess zur Bewusstheit strebenden Hegel'schen

[8] Nietzsche, *Die fröhliche Wissenschaft*, S. 382.

Weltgeist als vorgeblichen Motor des Weltgeschehens zurück. Des Weiteren mahnt Nietzsche, man möge sich davor hüten, von Gesetzen in der Natur zu reden. Auch gebe es keine Substanzen, keine Materie im Sinne eines beständigen Seins der Dinge. Ordnung, Form, Schönheit, Entwicklung, Substanzen: dieses alles seien »Schatten Gottes« – eines bereits getöteten christlich-jüdischen Gottes. Und Nietzsche fragt: »Wann werden wir die Natur ganz entgöttlicht haben! Wann werden wir anfangen dürfen, uns Menschen mit der reinen, neu gefundenen, neu erlösten Natur zu *vernatürlichen*!«[9] Nietzsche kämpft hier offenkundig gegen den Gott des Christentums an, der die Welt, die Natur mit Sündenbewusstsein verunreinigt habe, wo vorher, bei den primitiven Völkern, kein Schmutz, keine Reue, keine Sünde existierte. In diesem Kampf gegen den christlichen Gott errichtet Nietzsche seinen Übermenschen jenseits der »verderblichen« christlichen Moral, den Menschen jenseits von Gut und Böse. Die Idee vom Übermenschen vermischt sich bei ihm mit dem Gedanken eines zyklischen und ewigen Weltkreislaufs. In

[9] Nietzsche, *Die fröhliche Wissenschaft*, S. 469.

Also sprach Zarathustra trägt Nietzsche den Gedanken der Ewigen Wiederkunft folgendermaßen vor:

> Denn deine Thiere wissen es wohl, oh Zarathustra, wer du bist und werden musst: siehe, *du bist der Lehrer der ewigen Wiederkunft* [...] Siehe, wir wissen, was du lehrst: dass alle Dinge ewig wiederkehren und wir selber mit, und dass wir schon ewige Male dagewesen sind, und alle Dinge mit uns.[10]

Hausdorff entschärft einerseits Nietzsche und gelangt von Nietzsches Übermensch zum Sonntagnachmittagsmenschen, von der brachialen Tat zum Glück des Augenblicks; von der Umwertung aller Werte zur Fliege, die am Fensterglas summt; vom Weltenbrand zur Mükke im Bernstein – »ein Wölkchen am Himmel, Blüthenduft, Blick, Gebärde [...] ein pianissimo von Glück, auf das hin es sich lohnt zu leben und noch nicht lohnt zu sterben«.[11] Andererseits verschärft Hausdorff Nietzsches Idee der Ewigen Wiederkunft zur erinnerungslo-

10 Nietzsche, *Also sprach Zarathustra,* S. 275f.

11 Hausdorff, *Sant' Ilario,* Nr. 247.

sen Wiederkehr des Gleichen – nicht als einen zeitlich geschlossenen Ringprozess, wie ihn die Pythagoräer und Nietzsche im Sinn hatten, sondern als zufälliges Auftauchen von bereits Gewesenem an jeder beliebigen neuen Stelle unserer Lebensstrecke. Diese Modifikation der zyklischen Welt Nietzsches ist wiederum eine Folgerung aus der von Hausdorff benutzten Mathematik der allgemeinen Punkttransformationen, da eine solche Abbildung die Zusammenhangsverhältnisse innerhalb der Urmenge auch gänzlich zerstören kann. Außerdem leugnet Hausdorff die Erinnerungsfähigkeit des Menschen, und zwar aus logischen Gründen: Denn wären wir der Erinnerung vergangener Bewusstseinsinhalte fähig und würden diese Inhalte dann irgendwann einmal wiederkehren, dann wäre die Wiederholung gar keine genaue, weil beim zweiten Mal der Bewusstseinsinhalt mit Erinnerung vermischt wäre, beim ersten Mal aber noch nicht:

> Träte die Wiederholung ins Bewußtsein, so hätte sich vom ersten zum zweiten Male etwas geändert und die Wiederholung ließe an Treue und Genauigkeit alles zu wünschen übrig. [...] Das erste und das zweite Mal mögen

sich von draußen, von der zeitlosen Ueberweltseite her gesehen, unterscheiden; von innen gesehen, von den ins Zeitgespinst verlarvten Bewußtseinsträgern erlebt, unterscheiden sie sich nicht, da ist kein Stellenzeiger, der von der Eins auf die Zwei spränge![12]

Nicht also schon Nietzsches Idee der Ewigen Wiederkehr des Gleichen selbst, sondern erst Hausdorffs Wiederkehr ohne Erinnerung liefert den großen Zyklus des Weltgeschehens jenseits von Gut und Böse. Nietzsches Übermensch wäre in einer zyklischen Welt der Ewigen Wiederkehr gar nicht von Gut und Böse erlöst, solange er noch über Erinnerungsvermögen verfügt. Denn ob eine Tat gut oder böse ist, lehrte doch nur das historische Christentum, obgleich es dieses für Nietzsche zu überwinden galt. Und die Erinnerung an das Frühere muss bei Nietzsche weiter vorhanden sein, denn anderenfalls könnte eine Wiederholung ja gar nicht in die Sinne treten, und seine Rede von der Ewigen Wiederkehr verlöre ihr Fundamentum in re. Erst Hausdorffs Kaleidoskopwelt, in der jedes Ereignis beliebig oft

[12] Hausdorff, *Tod und Wiederkunft*, S. 420.

und – das ist das Entscheidende – an beliebiger Stelle, also ohne Kausalnexus mit vorhergehenden und nachfolgenden Wahrnehmungen, erscheinen kann, exekutiert die Moral, exekutiert die Unterscheidung von Gut und Böse, exekutiert jedes Ziel, jede Bewegung auf einen Endpunkt der Geschichte hin, auf ein Gottesgericht und Jenseits zu. Hausdorffs Ansatz mündet in einen, wie er selbst es sagt, »transzendenten« Nihilismus. Es sind also der Materialismus, die Evolutionslehre und die Auslöschung der Erinnerung, die ihn dorthin geführt haben.

Es gibt für die Hausdorff'sche Monade stets nur reinste Gegenwart, aber keine rückgriffsfähige Vergangenheit und erst recht auch keine Zukunft. Alles Sein ist Gewesen-Sein, sagt Hausdorff in seinem Essay »Tod und Wiederkunft« aus dem Jahre 1899. Das ist eine Konsequenz aus einer von Georg Cantor entdeckten topologischen Eigenschaft der reellen Zahlen, wonach jedes offene reelle Intervall isomorph ist zu der ganzen Menge der reellen Zahlen selbst. Der mengentheoretische Fachterminus »offenes Intervall« bedeutet, dass das Intervall kein Maximum oder Minimum besitzen soll, wie es beispielsweise beim offenen Intervall aller reellen Zahlen zwischen Eins und Zwei der Fall ist. Die Rand- oder Grenzpunkte Eins und Zwei sollen hier also *nicht* dem betrachteten Intervall angehören. Solche offenen Intervalle reeller Zahlen haben also kein Maximum, keinen Abschluss nach oben, und auch kein Minimum, keinen Abschluss nach unten. Hausdorff nimmt überall an, dass seine Bewusstseinsintervalle mit gewissen Zeitintervallen identisch sind, die ihrerseits wiederum die mengentheoretische Struktur offener Intervalle von reellen Zahlen haben. Deshalb ist unser Bewusstsein in ein Bewusstseinsintervall entweder so verwoben, dass nie ein Anfangs- oder Endzeitpunkt erreicht wird, oder aber – einzige Alternative! – unser Bewusstsein ist bereits vollständig aus diesem offenen Bewusstseinsintervall herausgefallen: Es ist für uns schon zur absoluten, nicht mehr zugriffsfähigen Vergangenheit geworden. »Was wir im gewöhnlichen Sprachgebrauch Gegenwart nennen, ist *[…]* nur die jüngste, frischeste Vergangenheit, […] vielleicht nur die letzte Viertelsecunde unseres Daseins, aber doch immer hinter uns liegend so gut wie das Zeitalter des Perikles.«[13]

[13] Hausdorff, *Tod und Wiederkunft*, S. 418.

Das Intervall ist dann aber nicht nur nicht mehr zugriffsfähig, sondern es ist auch nicht mehr erinnerbar, da es gemäß der Hausdorff'schen Voraussetzung keinen Stellenanzeiger geben darf, der wahrnehmbar von Eins auf Zwei springt und so die Wiederholung ins Bewusstsein treten lässt.

Ein weiteres Resultat der Cantor'schen Kontinuumstheorie war, dass alle offenen reellen Intervalle untereinander und mit dem ganzen reellen Zahlenstrahl isomorph sind, das heißt sich eindeutig ineinander transformieren lassen, sodass sich vom rein Mengentheoretischen kein Unterschied zwischen der Spanne einer Viertelsekunde und der Spanne eines ganzen Erdzeitalters feststellen lässt. Nur eine überweltliche Uhr, eine »Weltuhr«, könnte hier ein Unterscheidungskriterium begründen. Doch nach Hausdorffs Voraussetzung gibt es eben keinen Weltbeobachter, kein objektives Bewusstsein, das nicht eingesponnen wäre, das nicht auf seine individuelle Lebenslinie und seine subjektiven Bewusstseins- oder Zeitintervalle festgenagelt wäre.

Wenn wir in einem Bewusstseinsintervall gefangen sind – und dies ist ja in der Theorie Hausdorffs ausschließlich der Fall –, extrapolieren wir es inhaltlich sowohl vor- als auch rückwärts, also sowohl in Richtung Vergangenheit als auch in Richtung Zukunft: »Die ganze Vergangenheit und Zukunft ist ungeheure Extrapolation, inhaltliche Weiterverlängerung des Zeitdifferentials zur Zeitlinie, aber der Existenz nach unbeweisbar.«[14] Aus der Gegenwart heraus allein finden somit Vergangenheit und Zukunft statt. Es gibt keine objektive Vergangenheit, folglich verlieren in Hausdorffs Anti-Metaphysik die historischen Wissenschaften ihre Berechtigung ebenso wie auch die prognostizierenden Naturwissenschaften. Alexander, Perikles, Cäsar gibt es nur im aktualen Bewusstseinsintervall, aber nicht als objektive historische Fakten. Und vorausberechenbare Sonnenfinsternisse, Mondzyklen, Erdbeben oder Eisprünge bei den weiblichen Säugetieren dürfen ebenso wenig als objektive künftige Ereignisse betrachtet werden. Alles das sind lediglich Interpolationen aus einer völlig subjektiven Gegenwart heraus, die rein gar nichts zu verbürgen fähig ist, wie sie selbst, die Gegenwart, ja auch nicht durch irgendetwas verbürgt wird. Es ist bei Hausdorff so, als säßen

[14] Hausdorff, *Sant' Ilario*, No. 409.

wir nicht in einem Weltkino, in dem uns ein in sich schlüssiger Weltfilm vorgeführt wird, sondern als würde uns ein Kaleidoskop auf den Augen kleben, mittels dessen ein bösartiger Dämon sein Spiel mit uns treibt. Als wären wir Gefangene des Augenblicks, als wäre unser Bewusstsein mit den Augenblicken verschmolzen oder sogar mit den Augenblicken selbst identisch, weil ja nichts unter dem Zutun von eigenem Willen vor sich geht, sondern weil alles aus einer Fremdsteuerung durch das Kaleidoskop-Gesetz heraus, das heißt durch ein blindes Zufallsspiel, mit und an uns geschieht.

Alles Sein, so Hausdorff, sei ein Gewesen-Sein. Sage man »Jetzt!«, so sei der Augenblick bereits vorüber. Aber wäre dem wirklich so, dann wäre politisches Handeln unmöglich. Außerdem würde über allem die Herrschaft des blinden Zufalls thronen. Unser Bewusstsein würde dem Sein beständig hinterherhinken. Der Hausdorff'sche Mensch wäre ein Spielball des Fatums oder des Zufalls – je nach Geschmack. Nur derjenige Mensch, dem es gelänge, mit der Zeit auf gleichem Schritt zu sein, könnte das Heft des Handelns gewinnen. Hausdorff hingegen begnügt sich mit dem Nachweis, dass das Wesen der Dinge ein endloses und hoffnungsleeres Zufallsspiel sei und die Welt »starr, incorrigibel, ohne Ausweg ins Nichts- oder Anderssein«[15], eben weil eine Zugriffsmöglichkeit auf die Gegenwart, also überhaupt auf die Ereignisse und ihre Abfolge, auf das geschichtliche Werden fehlt: »Jedes Einzelwesen ist in sein Einzeldasein gebannt wie das tertiäre Insect in die Bernsteinhülle.«[16] Das Erfordernis des gegenwärtigen Zeitalters bestünde jedoch gerade darin, dass unser Volk seine historische Subjektivität wiedergewinnt und dass seine noch verbliebenen gesunden Kräfte das Heft des politischen Handelns wieder in die Hand bekommen!

Die an ihren iPhones hängenden Fahrgäste in den öffentlichen Verkehrsmitteln erscheinen in ein zur Handlungsunfähigkeit verdammtes Einzeldasein gebannt, in ein lähmendes und betäubendes Schicksalsglas eingeschmolzen. Das Internet droht die Grenze zwischen Innen und Außen zu verwischen und das aktive Ich, den aktiven Willen, das aktive Bewusstsein zu unterminieren. Es ist wie beim Hausdorff'schen Bewusstsein, das auch

15 Hausdorff, *Das Chaos*, S. 51.

16 Hausdorff, *Tod und Wiederkunft*, S. 425.

nicht »Ich« sagen kann. Denn ein aktives Ich würde eine Unterscheidung zwischen einem Innen und einem Außen setzen. Die inwendig gewordenen Dinge, die dann in einem zweiten Schritt auch bewusst gemacht werden könnten, müssen ja zuvor das Tor der Sinne passiert haben. Der individuelle Kokon im Weltgespinst ist kein adäquater Ersatz für das Vermögen, »Ich« sagen zu können. Das Ich konstituiert überhaupt erst den Unterschied zwischen mir und der Welt, es lässt mir die Möglichkeit entstehen, mich von meinen Vorstellungen zu unterscheiden – etwas, wozu das Tier nicht fähig ist. Erst ein aktives Bewusstsein, nämlich ein »Ich«, macht die Tätigkeit der Sinne bewusst und füllt die Wahrnehmungsinhalte mit Sinn. Das aktive Bewusstsein strukturiert die Zeit. Ein nur passives Bewusstsein hingegen lässt die Zeit in einzelne, unabhängige Teile ohne inneren Zusammenhang zerfallen. Aus der Wahrnehmung des einen Zeitabschnitts lässt sich dann nicht mehr erahnen, was uns der nachfolgende Zeitabschnitt sagen wird. Das Ich ist dann in viele unverbundene Bewusstseinszustände zergliedert. *Die* Wirklichkeit, *die* Wahrheit kann dann nicht mehr erkannt werden. Um jedoch Zugriff auf das

Geschehen zu bekommen, müsste es unserem Volk gelingen, wieder an *eine* Wirklichkeit, an *seine* Wirklichkeit sowie an *seine* Wahrheit zu glauben. Sonst bleibt jede Hoffnung, dass wir unsere historische Subjektivität zurückgewinnen, illusorisch.

1.2 Monadologie

Bei Hausdorff hieß es: Überall, wo wir Ordnung sehen, herrscht in Wahrheit das Chaos. Gottfried Wilhelm Leibniz (1646–1716) hätte dem entgegengehalten: Wo der Mensch Chaos und Unordnung sieht, da sieht Gott lauter Ordnung, Schönheit und Gerechtigkeit. Bei Hausdorff ist das Geistige, zusammen mit dem Organischen, nur eine Evolutionsstufe der Materie. Bei Leibniz hingegen kam dem Organischen das Primat über das Materielle zu. Eine Hausdorff'sche Bewusstseinsmonade ist nur temporär, ein Produkt des Zufalls und identisch mit einer für sie günstigen Materie-Aggregation. In der Leibniz'schen Monadologie hingegen stellen die Monaden die ewigen, unzerstörbaren und unteilbaren Grundbausteine der Natur dar; sie sind Wahrnehmungszentren und zugleich Entwicklungszentren alles organischen Werdens und Wachsens. Jede Monade besitzt einen ihr zukommenden, individuellen stofflichen Körper, bei dem beständig Stoff ein- und ausströmt. Dieser Stoffstrom zum und vom Körper weg ist ewig, weshalb eine Monade auch nie ganz ohne Körper sein kann, selbst nach ihrem körperlichen Tod nicht, der daher auch nur ein scheinbarer sein kann. Eine Monade fasst die individuelle zeitliche Entwicklung eines Organismus in sich zusammen. Sie ist daher eine Zusammenfassung von Entwicklungszuständen eines Lebewesens. Eine zweite Bedeutung erhält der Begriff der Monade als Zentrum des Bewusstseins, sofern es sich um eine Geistmonade handelt, das heißt um das Perzeptionszentrum eines Menschen, eines Engels oder um Gott selbst. In einer Geistmonade konzentrieren sich nicht nur die organischen Entwicklungsstufen Kindheit, Jugend und Alter, sondern auch die vergangenen, gegenwärtigen und zukünftigen Vorstellungen des Individuums, die sich Leibniz in der Seelenleinwand eingeprägt vorstellt und die sich im Laufe des Lebens nach und nach daraus entfalten. Der große Unterschied zu den Monaden Hausdorffs besteht darin, dass die Leibniz'schen Monaden aufeinander abgestimmt sind. Ihre durchgängige Synchronisation durch den Schöpfer bei der Erschaffung der Welt gewährleistet einen Gleichtakt aller individuellen Entwicklungen in einem daher als harmonisch aufeinander abgestimmten Weltganzen. Das Weltganze kann schließlich ebenfalls als ein lebendiger Organismus begriffen werden. Die Monadologie führt deshalb zu demselben Resultat wie die Lehre vom lebendigen Kosmos in der mittleren Stoa, insbesondere wie die Lehre des Poseidonios von der kosmischen Sympathie. Das Weltall der Stoiker mit seinen lebendigen Kräften spiegelt sich auf Erden in den Handlungen der Menschen ebenso wider, wie sich das Weltganze in den Leibniz'schen Monaden widerspiegelt. Jede Monade steht für eine Perspektive auf die *eine* Welt, wohingegen bei Hausdorff jedes Bewusstsein eine andere Welt ohne gemeinsamen Weltkern definiert. In der Leibniz'schen Monadologie stehen alle individuellen Perspektiven auf die Welt in Einklang miteinander, wodurch die Einheit der Welt und die Existenz eines gemeinsamen transzendenten Weltkerns garantiert werden.

Die Monadologie postuliert eine Fensterlosigkeit der Monaden: Nichts könne von außen in die Monade eindringen, nichts aus ihr heraus nach außen gehen. Allenfalls bestehen ideelle Verbindungen zur Außenwelt, insofern sich die Monade als ein »*Zentrum* oder Punkt« vorstellen lässt, »bei dem sich trotz aller Einfachheit durch die darin zusammenlaufenden Geraden unendlich viele Winkel bilden lassen«[17], sodass ein ins Monadenzentrum einlaufendes ideelles Lichtstrahlenbündel, herrührend von den anderen Monaden, alle diese Monaden und ihre Konstellationen im Universum repräsentieren würde. Ändern sich diese Konstellationen, ändern sich mit ihnen auch die ins Monadenzentrum einlaufenden ideell gedachten Sehstrahlen. Jede Änderung eines solchen individuellen Strahlenbündels wird deshalb auch von einer inneren Veränderung der wahrnehmenden Monade begleitet. Denkt man sich das dynamische Strahlenbündel auf eine monadische Leinwand projiziert, so könnte man sagen, dass in jeder Monade gleichsam wie in einem monadischen Kinotheater ein unendlicher Monadenfilm abläuft. Dem von Raumkräften außerhalb der Monade in Gang gehaltenen »Welt-Spielfilm« entspricht – das

[17] Leibniz, *Monadologie und andere metaphysische Schriften. Vernunftprinzipien*, § 2.

ist das Leibniz'sche Postulat von der prästabilierten Harmonie – aufs Exakteste ein autonomer innerer Monadenfilm, nämlich das jeder Monade eingeschriebene individuelle Lebens- und Entfaltungsprogramm. Dieses der Monade eingeschriebene Lebensgesetz wird seinerseits von einem inneren Streben, das Leibniz als »Appetitus« bezeichnet, in Lebenszeit verwandelt. Dieser Appetit einer Monade entspricht bei den Tieren dem Triebimpuls und beim Menschen der Leidenschaft. Diesem inneren Entwicklungsprogramm, diesem innermonadischen »Weltinnenraum-Film« entsprechen im Weltaußenraum der Monade Stoffströme, die in ewiger Bewegung das Weltall durchfluten. Jede Monade trägt also ein einprogrammiertes, auf sie zugeschnittenes Lebensprogramm in sich; keine Monade könnte gegen ihren eigenen »Spielplan«, gegen das eigene Lebensdrehbuch anhandeln. Jede Monade ist aufgrund der göttlichen prästabilierten Synchronisation ein beständiger lebendiger Spiegel des ganzen Universums, indem sie eine individuelle Sicht auf das Weltganze repräsentiert: Das ist der Leibniz'sche Perspektivismus. Aus diesem folgt: Es gibt eine Wahrheit, aber viele Monaden, viele Geister, viele Menschen, das heißt viele Perspektiven oder Sichtweisen auf das *eine* Weltganze. Das Ganze lebt jeweils im Individuum. Eine Entwicklung des Volkes und eine Vervollkommnung der Welt gibt es nur in der Entwicklung und Vervollkommnung des Einzelnen (vgl. Lessings *Die Erziehung des Menschengeschlechts*). Während bei Hausdorff jedes Individuum in seiner eigenen Welt lebt und in seinen Bewusstseinskokon eingesponnen ist, kann das Leibniz'sche Individuum, auch wenn es zugleich eine innere Autonomie besitzt, doch nie aus dem großen Repräsentationstheater der Welt, aus dem Weltzusammenhang herausfallen. Bei Hausdorff blickt das Bewusstsein durch das Fenster ins Chaos hinaus und meint dennoch einen Kosmos zu sehen – bei Leibniz würde das Bewusstsein durch das Fenster seiner Monade blicken und verwundert feststellen, dass »Draußen« und »Drinnen« deckungsgleich sind.

Der Hausdorff-Monade bedeutet das ihr vom kosmischen Zufallsspiel eingeräumte Bewusstseinsintervall schon die ganze Welt, nämlich Gegenwart samt Vergangenheit und Zukunft. Die Leibniz-Monade dagegen ist Akteurin in einem großen Welttheater und Teil einer großen Welterzählung. Die Hausdorff-

Monade kann nicht aus ihrem Bewusstseinsintervall heraustreten, die Leibniz-Monade kommt nicht aus dem »Roman der Welt« heraus und nicht von der Bühne des großen Welttheaters herunter. Wohl aber kann sich eine Geistmonade in ihrer Phantasie Alternativwelten vorstellen, und sie kann – das ist das Denkwürdige in Leibnizens Metaphysik – solche Alternativwelten sogar verwirklichen, jedenfalls in dem ihr zugemessenen Weltbezirk. Wir Menschen sind ein Teil einer Geschichte der Welt, Teil einer »großen Erzählung«. Dank unseres Geistes sind wir aber auch in der Lage, uns in andere Erzählungen von der Welt hineinzuversetzen. Und eben weil der Mensch diese Fähigkeit besitzt, sich alternative Erzählungen von der Welt zu erdichten, ist er auch fähig, Urteile über die bestehende Welt zu fällen – anders als die Tiere, die nicht in der Lage sind, ihr Bewusstsein von ihren Vorstellungen zu trennen. Ein Tier kann sich nicht über das ihm unmittelbar Gegebene im »Geistesflug« hinwegsetzen. Wir Menschen wiederum sind keine reinen Naturwesen, und deshalb sind wir der Natur nicht in demselben Maße unterworfen wie die Tiere. Der Geist verleiht unserer Existenz eine, wenn auch zeit- und situationsbedingte, Bewegungsfreiheit. Die Phantasie gewährt die Möglichkeit einer Pluralität von Welten, sodass die wirkliche Welt nur eine von vielen ist. Und diese wirkliche Welt ist gerade diejenige Welt, die unter den gegebenen Bedingungen die an Erscheinungen reichhaltigste bei gleichzeitig größtmöglicher Ordnung ist.

Wer eine Veränderung der Gesamtlage herbeiführen will, der braucht eine alternative Erzählung von der Welt. Es genügt nicht, einfach gegen irgendetwas zu sein. Solange eine verrückte Ideologie in sich konsistent ist oder eine stümperhafte Welterzählung ihre Gebrechen über einen gewissen Zeitraum hinweg zu vertuschen vermag, werden ihre Vertreter immer Oberwasser gegenüber anderen Akteuren haben, die über keine eigene Erzählung verfügen. Solange eine Alternative über keine alternative Erzählung von der Welt verfügt, wird sie sich gegenüber dem Tagesideologem der derzeit Herrschenden nicht hinwegsetzen können. Der russische Historiker Andrej Fursow schrieb am 5. Juli 2023 in der Internetzeitung *Zavtra.ru*, der Hauptkampf unserer Zeit werde zwischen den Menschen des Chaos und den Menschen der Ordnung ausgefochten. Menschen des Chaos würden, freiwillig oder unfreiwillig, die Situation in ihrem Land, in ihrer Gesellschaft nach unten ziehen, und zwar unter kräftiger Anleitung der Herren des gelenkten öffentlichen Diskurses. Jedem Menschen guten Willens sei aufgetragen, in seinem Bereich der Realität Ordnung und Widerstand in das ihn umgebende Chaos hineinzubringen.

Von daher rührt die eminente Wichtigkeit her zu wissen, wie Wirklichkeit, wie Ordnung zu bauen wäre. Wie baut Gott Wirklichkeit? Nach welchen Prinzipien hat Gott den wohlgeordneten Kosmos geschaffen? Die Beantwortung dieser Frage spielt in der Philosophie von Leibniz deshalb eine so herausragende Rolle, weil er der Überzeugung ist, dass der menschliche Geist am göttlichen Geist Anteil hat. Was Gott im Großen erschafft, das darf der Mensch in dem ihm zugemessenen Weltbezirk schaffend und schöpfend nachahmen. Wie also baute Gott die ganze Kosmos-Ordnung, und wie baut Gott immer noch die Wirklichkeit? Eine prinzipienlose und willkürliche Creatio ex nihilo, eine Schöpfung aus dem Nichts, kann auch Gott nicht gewollt haben, denn selbst Gott muss hinreichende Gründe für seine Wahl gehabt haben, weil sonst überhaupt keine vernünftige Wahl hätte stattfinden können – selbst für Gott nicht. Gott traf seine Wahl, so denkt Leibniz es sich, nach dem Grundsatz des Bestmöglichen: Die verwirklichte Welt muss ein Maximum an Vielfalt bei gleichzeitig größtmöglicher raumzeitlicher Ordnung ihrer Phänomene aufweisen. Das ist das von Leibniz entdeckte Prinzip der größten Wirkung: Bei einer gegebenen Aufnahmefähigkeit des Raumes und der Zeit hat sich eine solche Wirklichkeit herauszubilden, die relativ zu jener Aufnahmefähigkeit der Welt ein Maximum darstellt. In der um 1697 entstandenen kleinen Abhandlung *De rerum originatione radicali* (»Über den letzten Ursprung der Dinge«) heißt es dazu:

> In den Dingen findet sich nämlich immer ein Prinzip der Bestimmung, das aus dem Größten oder dem Kleinsten hergeleitet werden muß, daß nämlich die größte Wirkung [...] mit dem kleinsten Aufwande erreicht werde. Hier kann nun aber die Zeit, der Ort oder, kurz gesagt, die Empfänglichkeit oder Fähigkeit der Welt für den Aufwand oder für das Terrain genommen werden, auf dem so zweckmäßig als möglich gebaut werden muß, die Mannigfal-

tigkeit der Formen aber entspricht der Zweckmäßigkeit des Gebäudes und der Menge und Zierlichkeit der Gemächer. Die Sache verhält sich […] wie bei gewissen Spielen, bei denen gewissen Gesetzen gemäß alle Felder auf einer Tafel auszufüllen sind und wo man, wenn man nicht einen gewissen Kunstgriff anwendet, schließlich, durch ungünstig liegende Felder gehindert, mehr Felder leer lassen muß, als man konnte oder wollte.[18]

Die Leibniz'sche Zeitrelation dient zur Bezeichnung der Zustände von Dingen entsprechend ihrem Vorher, Gleichzeitig und Später. Die Raumrelation hingegen charakterisiert die räumlichen oder geometrischen Beziehungen zwischen den Dingen selbst. Alles, was sich gleichzeitig ereignet, ist kausal indifferent, denn Gleichzeitiges kann nie Kausalwirkungen aufeinander ausüben. Aus diesem Grund lehnte Leibniz auch die instantane Fernwirkung der Newton'schen Gravitation ab, denn diese hätte eine Durchbrechung jener kausalen Indifferenz des Gleichzeitigen zur Folge gehabt. Gleichzeitiges soll nicht durch irgend-

[18] Leibniz, *Kleinere philosophische Schriften*, Nr. 20.

eine Wirkungskette miteinander verbunden werden können. Die Kausalrelation muss deshalb mit der Zeitrelation korrelieren. Raum ist eingefrorene Zeit. Umgekehrt ist aber der Raum eine Erweiterung der Zeitordnung, insofern nämlich die Zeitrelation einen »geräumigeren« Raum ermöglicht: Zustände von Dingen, die sich am selben Ort und zur gleichen Zeit logisch widersprächen, können an verschiedenen Orten sehr wohl gleichzeitig miteinander bestehen. Zwei verschiedenfarbige Billardkugeln zum Beispiel können zwar nicht zur selben Zeit am selben Ort sein, wohl aber zur selben Zeit an zwei verschiedenen Orten. In diesem Sinne macht der Raum die Gleichzeitigkeit »geräumiger«.

Raum und Zeit gelten Leibniz für Wahrheiten, die sich gleichermaßen auf das Wirkliche wie auch auf das Mögliche beziehen, denn Mögliches und Wirkliches unterscheiden sich in der Leibniz'schen Ontologie nicht prinzipiell voneinander: Alles, was möglich ist, kann auch wirklich werden. Die Gesamtheit aller möglichen Welten bildet den »Ewigkeitshintergrund« der wirklichen oder realen Welt. Im Physischen repräsentieren Raum und Zeit die Aufnahmefähigkeit der Welt. Im Reich der

Zwecke, also im Monaden-Weltinnenraum, ist von Raum und Zeit hingegen nicht zu sprechen. Aufgrund der »prästabilierten Harmonie«, das heißt aufgrund der psychophysischen Korrespondenz zwischen dem Innen und dem Außen der Monade, muss es allerdings auch in der Monade etwas geben, das der Aufnahmefähigkeit der physischen Welt entspricht. Und diese Entsprechung findet sich in der Metapher der gefalteten Leinwand oder des gefalteten Bühnenvorhangs. Je mehr Faltungen ein solcher Bühnenvorhang besitzt, desto reichhaltigere Szenen lassen sich auf ihm darstellen, seien sie aufgestickt oder aufgemalt. Je weiter sich eine Pergamentrolle einrollen lässt, desto mehr Schriftzeichen lassen sich auf ihr unterbringen. Wichtig ist hierbei, dass die Bemalung, die Beschriftung, das Stickmuster immer schon in Gänze und deshalb »gleichzeitig« vorhanden war, aber der niedergeschriebene Roman und das notierte Musikstück müssen sich schließlich trotzdem in einer zeitlichen Sukzession entfalten, sei es durch Vorlesen, sei es durch das Spielen des Musikstückes. Der Clou hierbei ist, dass sich die zeitliche Ordnung erst aus der inhaltlichen Ordnung ableitet und insofern die Zeit nicht das Primäre, nicht eine »Bedingung der Möglichkeit von Erfahrung« (Kant), ist, sondern das Grundlegende ist der innere, inhaltliche, kausale Zusammenhang der Erzählung, des Epos, des Gesangs. Leibniz schreibt 1714 in einem Brief an Louis Bourguet, man dürfe das Universum als eine Summe ansehen, jedoch nicht als eine Summe bloß möglicher Inhalte, denn nicht alles Mögliche sei auch miteinander »kompossibel«, das heißt miteinander verträglich. Möglich seien nur diejenigen Vorgänge, die sich in ihrer Summe, als Komplex, als ganzer Roman widerspruchsfrei lesen lassen:

> Ich gebe nicht zu, »daß, um zu wissen, ob der Roman *Asträa* möglich ist, man seine Verknüpfung mit dem gesamten Universum kennen müßte«. Das wäre nötig, wenn man wissen wollte, ob der Roman mit ihm verträglich (*compossible*) ist, d.h. in irgendeinem Winkel des Universums sich abgespielt hat, sich gegenwärtig abspielt oder noch abspielen wird. Denn wenn dies nicht der Fall ist, so folgt daraus mit Sicherheit, daß kein Platz für ihn vorhanden ist.[19]

[19] Leibniz, *Hauptschriften zur Grundlegung der Philosophie, Teil II*, S. 639f.

Der Roman kann freilich nicht Substanzen, das heißt Monaden und somit das Substrat einer Welt, erzeugen, denn die Monaden sind ja unerschaffen und unzerstörbar. Die Funktion des Romans besteht darin, eine »realistische« Kombination von substanziellen Möglichkeiten herzustellen, die diese Möglichkeiten nach Maßgabe des Prinzips der größten Wirkung zu Wirklichkeiten macht. Der Roman kann Aschenputtel zur Prinzessin und Frösche zu Prinzen »werden lassen«; aber er kann Prinz oder Prinzessin *nicht* ex nihilo ins Dasein bringen. Prinz und Prinzessin mussten immer schon im Kopfe des Märchendichters, des Märchenerzählers und des Zuhörers denkbar und somit möglich gewesen sein.

In seiner kleinen Schrift *De libertate* (»Von der Freiheit«) aus dem Jahre 1689 begründet Leibniz die Existenz anderer Welten im Sinne des Vorhandenseins alternativer Erzählungen von der Wirklichkeit damit, dass wir etwas Erdichtetes nicht als unmöglich ansähen, selbst wenn wir das Erdichtete nie als wirklich erlebten. Nur wenn wir alles, was wir in Romanen vorfänden, als per se unmöglich betrachten würden, wäre die bestehende Wirklichkeit alternativlos. Da dies aber nicht der Fall sei, seien die bestehenden Dinge als kontingent, das heißt als zufällig, zu werten, mit der Konsequenz, dass die bestehende Wirklichkeit durch andere Wirklichkeiten ersetzbar ist.[20] Das Kunststück in unserer traurigen Gegenwart bestünde nun natürlich genau darin, eine alternative Erzählung von der Welt, ein alternatives Epos, einen alternativen Mythos zu kreieren. Um diesem Ziel näher zu kommen führt Leibniz in *De libertate* zunächst eine Unterscheidung zwischen den notwendigen und den kontingenten Wahrheiten ein: Notwendig seien diejenigen Wahrheiten, deren Gegenteil einen logischen Widerspruch einschließen. Kontingente oder zufällige Wahrheiten tragen hingegen keinen Notwendigkeitscharakter; die Annahme ihres Gegenteils läuft daher nicht auf einen Widerspruch hinaus. Zu den kontingenten Wahrheiten zählen alle historischen Ereignisse, etwa die Ermordung Cäsars. In eine kontingente Wahrheit gehen stets unendlich viele Beweggründe ein. Der menschliche Verstand kann darum kein Ende ihrer Begründungsreihe absehen. Nun müsste offenbar ein historischer Roman, der

20 Leibniz, *Hauptschriften II, De libertate*, S. 654f.

mit dem Anspruch auf Verwirklichbarkeit daherkäme, aus lauter kontingenten Ereignissen oder Wahrheiten bestehen. Es wäre eine dichterische Leistung zu vollbringen, die den menschlichen Verstand ganz und gar übersteigen müsste, die eines Gottes würdig wäre – gäbe es da nicht ein Substitut für die rein rationale Erfassung der Dinge: die visionäre Schau des Künstlers! Leibniz nennt diese besondere künstlerische Fähigkeit, die zunächst allein Gott vorbehalten ist, »infallibilis visio«, »unfehlbare Schau«:

> [...] die zufälligen oder die unendlichen Wahrheiten [unterliegen] dem Wissen Gottes und werden von ihm zwar nicht durch einen Beweis – was einen Widerspruch einschließt –, aber doch durch ein unfehlbares Schauen *(infallibili visione)* erkannt.[21]

Doch woher sollen solche beinahe göttlichen »Visionen« kommen? Oder erst gar ein ganzer Mythos, als eine aus lauter Visionen gebildete Summe, durch die die Lesbarkeit einer ganzen Welt überhaupt erst verbürgt

[21] Leibniz, *Hauptschriften II, De libertate*, S. 659.

würde?[22] Wer oder was könnte uns hier zu Hilfe kommen? Etwa eine Gegenwartskunst, die selbst an nichts mehr glaubt, schon gar nicht an eine »große Erzählung«? Etwa ein entmythologisiertes Gegenwarts-Christentum? Oder eine »auf Sicht fahrende« Politik? Nein. Eine große Erzählung kann nur aus den Tiefen der Volksseele kommen. Denn sie ist gewiss kein Intellektuellenprojekt und erst recht nicht bei einer »Experten«-Runde oder bei einer Kommission in Auftrag zu geben. Heraklit sagte, dass der Krieg der Vater aller Dinge sei. In puncto Mythenbildung scheint er recht zu behalten. Homers *Ilias* und *Odyssee* haben im Trojanischen Krieg ihren Bezugspunkt, das Nibelungenlied im Untergang des Burgunderreiches, der serbische Nationalmythos in der Schlacht auf dem Amselfeld. Ein Grund für die mythenbildende Kraft von Kriegen könnte darin bestehen, dass im Zentrum eines jeden Krieges der Tod steht, und zwar nicht der natürliche, sondern der gewaltsame, der verschuldete oder der zu Unrecht erlittene Tod. Jedoch: »Für das mythische Denken gibt es gar keinen natürlichen

22 Assmann, *Tod, Staat, Kosmos. Dimensionen des Mythos im Alten Ägypten*, S. 32.

Tod; jeder Tod ist verschuldet, jeder Tod ist Unrecht, ist Mord.«[23] Die Leibniz'sche Monadologie blendet den Tod und das Unrecht jedoch aus, und die Diakrisis, die Unterscheidung der Geister – das ist die Unterscheidung von Gut und Böse. Jede Monade hat ja ein einprogrammiertes Lebens- oder Entwicklungsprogramm in sich, und sie kann demzufolge gar nicht gegen den eigenen »Spielplan« handeln. Ein monadisches Welttheaterstück kann erst dann zur Aufführung gebracht werden, wenn das Drehbuch schon geschrieben vorliegt. Das Leibniz'sche Welttheater ist kein Improvisationstheater, und weil es das nicht ist, haben die Leibniz'schen Monaden etwas Automatenhaftes, das den landläufigen Vorstellungen von Willensfreiheit widerspricht und ihnen viel von ihrer Spontaneität und Lebensnähe nimmt. Der Monadenkosmos leidet an rationalistischer Unterkühlung. Was, sofern man vorhat, die bestehende Welt zu verändern, bei aller Kritik an dieser Verstandeskühle von der Leibniz'schen Weltkonstruktion übernommen werden kann und muss, ist das Erfordernis einer konsistenten

23 Assmann, *Tod, Staat, Kosmos*, S. 31.

Erzählung von der Welt. Doch nur eine den Menschen selbst und die menschliche Tragik widerspiegelnde Wirklichkeit würde die Bezeichnung »Realität« verdienen. Deshalb ist die Welt der modernen Naturwissenschaften jedenfalls *keine* Realität für uns Menschen – sie ist es ja noch nicht einmal für die Naturwissenschaftler selbst. Um menschlicher zu werden, müssten die Naturwissenschaften gewissermaßen »entwissenschaftlicht« und mit Eschatologie »angereichert« werden.

Dieser Prozess ist auch bereits im Gange, nämlich in der »Klimawissenschaft«, wenn auch auf abwegige Art und Weise, da die Klimatologen noch nicht zur Kenntnis nehmen wollen, dass der Mensch mehr ist als ein Tier mit einem besonders großen Gehirn, dass er also mehr ist als ein reines Naturwesen. Um das »Schiff Erde« am Klimakollaps vorbeizusteuern, soll ein allgemeiner Friede zwischen Menschheit und Biosphäre herbeigeführt werden. Eine aus Klimagründen zur Tierheit heruntergebrachte Menschheit würde allerdings der menschlichen Seele, die keine Gabe der Natur, sondern eine Gotteserbschaft ist, ins Gesicht speien. Die fingierten Wirklichkeiten in den Werken Shakespeares sind sehr wohl

Realitäten, denn sie vermögen den Menschen und das Menschsein abzubilden. Die Welt der Physik hingegen enthält nicht die Endlichkeit des Menschen, nicht seinen Tod, und in diesem Sinne ist die Physik für das menschliche Leben ohne Bedeutung und deshalb auch keine Realität. Eine Wirklichkeit, die des Menschen würdig wäre, müsste den Tod enthalten, insbesondere den ungerechten Tod, andernfalls wäre sie keine Wirklichkeit, sondern bloß eine schönfärbende Chimäre. Die Wirklichkeit, als das Beisammensein aller monadischen Individuen, müsste sich gleichermaßen über Lebende, Tote und Ungeborene erstrecken. Anderenfalls wäre sie ein unzulässig enger Ausschnitt, und damit wäre sie lediglich eines Hausdorff'schen Automaten würdig, nicht aber des Menschen.

1.3 Erste Summe: Blasen und Korridore.

Es gibt keine naturwissenschaftlichen Fakten ohne Theorie; der Positivismus ist ein Unfug. Es gibt keine Geschichte ohne eine Erzählung von der Geschichte. Und es gibt keine durchschauten Phänomene ohne *Theoria*, das heißt, ohne eine Schau der Phänomene in einem größeren »Ornament«, in einem »Gewebe«, in dem alles miteinander verknüpft ist. Ein solches Gewebe kann von einem Epos, von einer Erzählung, von einem Mythos zubereitet sein. Das Internet als Unterhaltungsmedium ist dem Epos, der großen Erzählung spinnefeind, denn es erzeugt abgehackte Bewusstseinsintervalle und digital Unterhaltene, die in digitalem Bernstein eingefangen sind, der ihnen nicht einmal zu Bewusstsein gelangt, da Bewusstsein und Vorstellungen darin miteinander verschmelzen. Zwar will auch das Epos den Zuhörer »einfangen«, indem es ihn zum Betroffenen, zum Miterlebenden am epischen Geschehen macht. Aber der Effekt auf das zeitliche Erleben ist beim Epos geradezu ein entgegengesetzter: keine zerhackte Zeit, sondern Umströmt-Sein von einem Zeitkontinuum, das sogar Lebende und Tote miteinander verbindet. Das Internet hat weltweit einen »Hausdorff-Zustand« hergestellt, indem es ganze Völker auf den mythologischen Nullzustand gesetzt hat. Dasjenige Volk wird seine Zukunft erringen und das Heft des politischen Handelns auch gegen die globalistischen Anmaßungen einer westlichen Pseudoelite wieder in die Hand bekommen, das rasch eine wirkmächtige neue Erzählung von sich und von der Welt (von morgen) zuwege bringt!

Dass die Wortführer und Mitläufer der Bunten Republik Deutschland immer absurdere Haken schlagen müssen, nur um der Erkenntnis des offenkundigen Zusammenbruchs ihrer eigenen bisherigen Welterzählung zu entgehen; dass diese Leute es zu diesem Zweck inzwischen schon nötig haben, massenvergewaltigte junge deutsche Frauen und gemesserte deutsche Männer in reichlicher Zahl in Kauf zu nehmen: das bezeugt den schieren Horror, den diese Kreise angesichts ihres gerade zusammenbrechenden Weltbildes fühlen müssen. Das ganze Land ist aber gelähmt, und nicht nur seine Spitzen, eben weil sich die links-neoliberale Ideologie bereits so tief in das kollektive deutsche Bewusstsein eingegraben hat. In dieser gottlosen Erzählung ist jeder sein eigener Messias, in ihr werden möglichst alle Naturfesseln abgestreift – diese gottlose Erzählung ist also eine Parallelerzählung zur Ideologie der klimaneutralen menschlichen Tierheit, gleichsam ihr Kompensat. In der Klimaerzählung bildet eine freiwillige Selbstverzwergung, eine Vertierung des Menschen den Endpunkt des Naturalismus. In der links-neoliberalen Erzählung ist die Herrschaft des entfesselten »Ich will« der Endpunkt eines entartenden Liberalismus, einer von Anfang an falsch gewesenen Verheißung von ewigem Glück. In der alten Bundesrepublik waren die Bürger wohl noch bis Anfang der Achtzigerjahre mit »trockener, spröder, notfalls langweiliger, bürgerlicher Vernunft« (so Franz Josef Strauß auf dem CDU-Parteitag 1986) zufrieden gewesen. Dann aber stiegen die Westdeutschen »in das bunt geschmückte Narrenschiff *Utopia*« (abermals Strauß) ein – in Ermangelung eines überzeugenden alternativen Angebots, und auch als Folge eines Generationenwechsels. Die alte Bundesrepublik gibt es nicht mehr. Die Handwerks- und Industrienation Deutschland wurde seit Anfang der Nullerjahre in eine verlogene und zum Lügen ermutigende Dienstleistungsgesellschaft transformiert. »Wirklichkeit« erwies sich seitdem immer weniger in gelingendem Vollzug handwerklichen, technischen oder künstlerischen Tuns, dafür immer mehr als eine Sache von schönen Worten und Überzeugungen – und das schon weit im Vorfeld irgendeines politischen Wollens oder Tuns.

Aufgrund von Subjektivismus und Liberalismus dominieren »gefühlte« Überzeugungen die politische Willensbildung. Das »bunt geschmückte Narrenschiff *Utopia*« hat die spröde, notfalls langweilige, bürgerliche Vernunft der alten Bundesrepublik in die Knie gezwungen, weil es – im Unterschied zur Bürgerlichkeit – eine Utopie, also eine Erzählung von der Welt, besaß, selbst wenn es sich um eine Lügengeschichte handelte. Aber diese Erkenntnis stellt sich für die Crew des Narrenschiffs und seine Passagiere erst sehr spät heraus, nämlich jetzt, da jene Utopie mit dem Weltkern kollidiert und an ihm zerschellt. Noch sind die Utopisten des bundesrepublikanischen bunten Staatsschiffes, obgleich zu dem furchtbaren Preis von Heerscharen von Vergewaltigten und Gemesserten, am Ruder der Macht, weil ihnen die »vernünftigen« Bürgerlichen keine eigene Erzählung entgegenzusetzen hatten, die es mit der links-neoliberalen Utopie hätte aufnehmen können. Gefüllte väterliche Geldbeutel bedeuteten jedoch gar nichts im Vergleich zu einer geglaubten Utopie, zumal nicht einer Jugend, die nach Idealen schmachtete.

Was ist der Sinn von politischen Blasen, oder allgemeiner, von Lebens-»Blasen«? – Ihr

Sinn besteht darin, ihren Insassen, den Blasen-Bewohnern, eine einheitliche und konsistente Erzählung von der Wirklichkeit zu liefern. Dissidenten der allgemein akzeptierten Erzählung darf es nach Möglichkeit nicht geben, da sie die von der Mehrheit erlebte gemeinsame Wirklichkeit infrage stellen würden. In einer Diktatur würde eine allgemein zu akzeptierende Realität per Dekret und mit Gewalt von oben durchgepeitscht. In einer Demokratie bildet sich eine mehrheitlich akzeptierte Erzählung von der Welt von unten und dann, wenn beispielsweise durch technologische Entwicklungen die Vermassung im Denken ein Maß erreicht hat, dass es, gleichsam automatisch und von innen heraus, immer weniger Aufständige und Dissidenten gibt. Ob die innerhalb der Blase für wahr gehaltene Wirklichkeit auch der Wahrheit des Weltkerns entspricht, steht auf einem ganz anderen Blatt. Erst politische Katastrophen bringen falsche Blasen zum Platzen – weswegen Heraklits Diktum, dass der Krieg der Vater aller Dinge sei, weiterhin gilt.

Auch das Wirtschaftssystem des Kapitalismus stellt eine Blase dar, und zwar eine mit der Tendenz, innere Widersprüche an die Peripherie oder, für ihn noch vorteilhafter, in den Außenraum der Blase zu drücken. Der Blasen-Außenraum des Kapitalismus wird dann von Kolonien und von Rohstoffe liefernden Zweite- oder Dritteweltländern gebildet. Der gegenwärtige Ukrainekrieg ist *auch* ein Schauplatz, auf dem sich die Widersprüche eines (sterbenden) Kapitalismus austoben. Generell lässt sich sagen: An der Peripherie bricht die Erzählung des Sphären-Innern ab. Der Bruch ist sowohl geographischer als auch chronologischer Natur. Dass parallel zum räumlichen ein Bruch in der Zeitordnung stattfindet, zeigen die in ihrer Entwicklung künstlich oder gar gewaltsam zurückgehaltenen Länder der Zweiten und Dritten Welt. Es kommt zu einer Gleichzeitigkeit von Ungleichzeitigkeiten, die vom Neokolonialismus noch konserviert wird.

Politische Revolutionen ersetzen die bisherige, brüchig gewordene Erzählung in einem Gemeinwesen. Die alte Erzählung implodiert in den Revolutionswirren, die alte Chronologie zieht sich in einem Punkt zusammen: der »Stunde Null«. Aus dieser punktförmig konzentrierten »politischen Zeit« heraus entfaltet sich eine neue Chronologie, die der neuen Erzählung als Zeitmaß zugrunde liegt.

Konfessionskriege sind ebenfalls Beispiele für aufeinanderprallende Erzählungen von der Welt. Sie lassen sich nicht ohne Preisgabe von Glaubenssubstanz beilegen. Toleranz muss notwendig eine oder beide religiöse Erzählungen verwässern. Die Alternative lautet dann: Bekehrung oder Laizismus.

Als letztes Beispiel einer abbrechenden Erzählung sei an die Erscheinung des territorialen Korridors erinnert – sieht man von dem einfacheren Beispiel schlichter Staatsgrenzen ab. Das Interessante an einer Korridorsituation ist der Korridortransit, wenn Menschen, aus einer gewohnten politischen Erzählung kommend, das Territorium einer fremden politischen Erzählung passieren müssen. Der polnische oder Weichselkorridor der Zwischenkriegszeit war ein Beispiel hierfür. Ein anderes war der innerdeutsche Transitverkehr zwischen Westdeutschland und West-Berlin über DDR-Territorium. Hinsichtlich der Debatte, die in patriotischen Zirkeln über die Rolle Deutschlands in einem möglichen künftigen »Mitteleuropa« begonnen hat, ist der polnische Korridor jedoch instruktiver. Wenn nämlich Deutschlands künftiges Schicksal als das eines Mittlers zwischen West und Ost zu bestimmen sein soll, so ergäbe sich daraus zwangsläufig die Notwendigkeit, einen »dritten Weg« für ein künftiges Deutschland zu erzählen. In diesem Zusammenhang liegt die Gefahr auf der Hand, dass Deutschland aufgrund seiner Mittellage eine »Niemandsland-Erzählung« droht, jedenfalls sofern es sich nicht vom Materialismus und dessen Zwillingsbruder, dem nihilistischen Liberalismus, löst. Nun hat der Liberalismus sowohl den Kapitalismus als auch den Sozialismus gezeugt. Der Kapitalismus hat den Westen in eine Sackgasse manövriert und das Abendland an den Rand einer demographischen, identitären und kulturellen Implosion gebracht. Der Sozialismus hat den Osten seelisch verwüstet und eine Decke der Tristesse über die östlichen Landschaften gelegt. Der deutsche nationale Sozialismus hatte zuvor Völkermord, Weltkrieg und den Ruin der deutschen Eigenstaatlichkeit herbeigeführt. Deshalb wäre ein radikaler Bruch mit dem nihilistischen und gottlosen Neoliberalismus die unabdingbare Voraussetzung für Deutschlands letzte Chance.

Wo also liegt Mitteleuropa? Die Mitte Europas liegt ostwärts! Das Heilige Römische Reich deutscher Nation war aus dem Frankenreich hervorgegangen und deshalb im Westen verwurzelt. Westeuropa und mit ihm das Heilige Römische Reich beerbten die römische Zivilisation, genauer: den Westteil des Römischen Reiches. Das Römerreich war eine mediterrane Zivilisation, deren Abgrenzung zu den ihr fremden Kulturräumen ursprünglich nicht eine West-Ost-, sondern eine Süd-Nord-Abgrenzung war. Erst die Reichsteilung von 395 in eine westliche und eine östliche Reichshälfte brachte den West-Ost-Gegensatz auf den europäischen Boden (sofern man nicht schon den Kampf um das Erbe Cäsars zwischen Antonius/Kleopatra und Octavian in der Schlacht bei Actium zu einem West-Ost-Konflikt stilisieren will). Die hochmittelalterliche deutsche Ostsiedlung verschob die Ostgrenze des Heiligen Römischen Reiches über Saale, Elbe und Oder hinweg in slawisches Siedlungsgebiet hinein. Durch den Einfluss fränkischer, flämischer und rheinländischer Einwanderer bildeten sich inmitten des slawischen Kulturraums Inseln westeuropäischer Kultur. Die Siedler folgten den Zisterziensern auf ihrem Weg in den Osten nach. Diese bildeten im 11. und 12. Jahrhundert die geistliche Avantgarde innerhalb des hochmittelalterlichen westlichen Mönchtums. 1098 im burgundischen Cîteaux gegründet, suchte der Zisterzienserorden eine Wiederbelebung der Regula Benedicti unter Betonung der beiden neuen Elemente Askese und Abgeschiedenheit zu verwirklichen. Aus diesem Grunde stürmten die Zisterzienser über die damalige Ostgrenze des Heiligen Römischen Reiches, über Elbe und Saale, weil im slawischen Kolonialland mit Leichtigkeit harte Arbeit, Entbehrung und Einsamkeit zu finden waren. Dem jungen Orden erschienen die im Altreich schon lange ansässigen Benediktiner träge und bequem, also dekadent geworden. Der sich im neuen Zisterzienserorden sammelnde westeuropäische Adelsnachwuchs dagegen war von jugendlicher Abenteuerlust und Tatendrang beseelt; außerdem wollte man sich viel lieber in der Hände Arbeit stürzen, als sich kultureller Verfeinerung und Müßiggang hinzugeben. Die Losung des Ordens hätte lauten können: »Schweinestall und Sumpf vor höfischem Tamtam und Klosterbibliothek.« Die Zisterzienser hatten keinen Missionsauftrag, da die Slawenbekehrung zur Hochzeit der deutschen Ostsiedlung im 13. Jahrhundert schon vollzogen war. Vielmehr sahen sie ihre Mission in der Urbarmachung der Wildnis unter Zuhilfenahme neuester technischer Methoden. Bekannt geworden sind die Zisterzienser vor allem durch die Entwässerung und Urbarmachung von Sumpfland sowie durch eine von ihnen umfänglich betriebene Teichwirtschaft. Sehr bald überragten die erwirtschafteten Überschüsse den Eigenbedarf, sodass sich die Zisterzienser, entgegen den ursprünglichen Ordensstatuten, zunehmend auch dem Handel zuwenden mussten. Die zisterziensischen Handelswege wurden zu Korridoren für die den Mönchen auf dem Fuße folgenden deutschen Siedler. So bildeten sich allmählich deutsche Kulturinseln im slawischen Siedlungsraum heraus. Die den Siedlern vorausgehenden Zisterzienser leisteten die wertvolle Pionierarbeit, sie waren gleichsam die ideelle Vorhut des Westens im Slawenland. Den »Sprung in die Wildnis« konnten sie sicherlich nur wagen, weil sich in ihnen Abenteuerlust und Gottvertrauen paarten. Gottes Schöpfungsgaben mussten nur zur rechten Entfaltung gebracht werden, dann war es selbst in der äußersten Wildnis möglich, zu überleben und dabei sogar noch ein gottgefälliges Gebetsleben zu pflegen. Die Zuversicht, dass der Mensch in der Lage sei, das Buch der Natur zu entziffern, sodass er eigentlich überall in ihr leben und sein Auskommen finden kann, scheint ein Wesenszug unserer Vorfahren gewesen zu sein und das Grundmoment einer spezifisch deutschen Erzählung vom Leben in der Welt, ein der abendländischen *Vita activa* eingeborener Drang, Ordnung im Chaos zu schaffen.

Die deutschen Kulturinseln waren zugleich Sprachinseln und Rechtsinseln. Der aus dem Westen kommende Einwanderer war wirtschaftlich frei. Er erhielt eine fränkische Hufe (etwa 25 Hektar) Land zur Bewirtschaftung, während der durchschnittliche altslawische bäuerliche Besitz nur wenige Hektar betrug und mit zahlreichen Frondiensten für den Landesherrn belegt war. Der viel zu kleine polnisch-slawische Landbesitz verhinderte jene wirtschaftliche Entwicklung, die sich nun in den deutschen Siedlungsgebieten vollzog: Die von den deutschen Siedlern erwirtschafteten Überschüsse konnten in eine verfeinerte Lebensweise, in Gewerbe und Handel sowie in höhere Formen der Kultur investiert werden. Infolge des deutschen Freibauerntums entstand ein wirtschaftlicher Mittelstand, der den slawischen Völkern schon am Beginn ihrer Geschichte fehlte.[24] Auch die innere Organisation der deutschen Dörfer unterschied sich grundlegend von jener der altpolnischen. In seiner kulturgeografischen Dissertation aus dem Jahr 1907 beschrieb Erwin Hanslik diesen Unterschied für die deutschen Sprachinseln von Bielitz und Biala, Städten in den polnischen Westbeskiden. Die Westbeskiden (auch Schlesische Beskiden genannt) sind ein Gebirgszug im äußersten Südosten Schlesiens, der auf kleinpolnischem Territorium die Karpaten westlich auslaufen lässt. Die wesentliche Neuerung, die die deutschen hochmittelalterlichen Siedler einführten, war der Übergang vom Haufendorf zum Waldhufendorf. Die deutschen Siedlungen wurden in Bachauen angelegt statt, wie bei den altslawischen Haufendorfgründungen üblich, auf Anhöhen. Das Auendorf stellte einen wesentlichen Kulturfortschritt dar und brachte eine verbesserte landwirtschaftliche Bewirtschaftung mit sich. Denn während der Dorfplatz eines Haufendorfes einen nicht unbeträchtlichen Teil des guten Feldes dem Anbau entzog, konnten beim Auendorf, nachdem

24 Hanslik, *Kulturgrenze und Kulturzyklus in den polnischen Westbeskiden*, S. 32.

der Auenwald gerodet war, lange durchgängige Gewannstreifen die Hügel hinan gemessen werden. Im Auendorf leben die Menschen links und rechts des Bachlaufes und inmitten von Gärten und hofnahen Wiesenkoppeln.

> Das System der Hauptwege des Dorfes folgt den natürlichen Tiefenlinien, nicht wie früher den Linien des größten Anstiegs die Hügel hinan. Von den Dorfwegen gehen rechtwinklig die Privatwege der Besitzer ab. Mit dem geringsten Verlust an Weg und Zeit (also Kraft) kann jeder Einzelne sein Bodengut bewirtschaften, das geschlossen gleich hinter seinem Garten sich anschließt. Demgegenüber sind die Fluren des Haufendorfes kreuz und quer von Wegen durchschnitten, die lauter fremden Besitz queren.[25]

Diese Beschreibung der Vorzüge des von westeuropäischen Siedlern importierten Systems der Streifengewanne liest sich beinahe wie eine hochmittelalterliche ökonomische Anwendung des Leibniz'schen Prinzips der größten Wirkung bei geringstem Auf-

25 Hanslik, *Kulturgrenze*, S. 52.

wand: »[…] möglichste Ausnützung des gegebenen Kapitals am Boden ist das Höhere der Wirtschaftsform der Waldhufenorganisation vor dem Haufendorfsystem.«[26] Und die neue Dorforganisation brachte auch das freie Wirtschaften, die weitgehende ökonomische Selbstständigkeit mit sich, denn die Gewannstreifen machten den Flurzwang – die Abstimmung von Pflügen, Aussaat und Brache mit den übrigen Dorfmitbewohnern – entbehrlich. Jeder Siedler konnte selbst entscheiden, wie er den meisten Gewinn aus seinem Boden herauswirtschaften wollte. Zusammenfassend lässt sich also sagen, dass die westeuropäischen Siedler Inseln eines freien Wirtschaftens in altslawischem Kernland gründeten, die zum Ausgangspunkt für die Bildung eines »bürgerlichen« Mittelstandes im Slawenland wurden. Es waren dies zugleich Inseln deutscher Sprache, deutschen Rechts und westeuropäischer Kultur – mit anderen Worten, es waren deutsche Zivilisationsblasen, die friedlich in das slawische Hauptmedium eingebunden waren wie die Kohlensäure in einem Sprudel. Jahrhundertelang blieb dieser Zustand der friedlichen

26 Hanslik, *Kulturgrenze*, S. 52.

Koexistenz von Deutschen und Polen erhalten. Erst das 19. Jahrhundert mit seiner unseligen Erfindung des Nationalismus brachte Unruhe in dieses mitteleuropäische »Mineralwasser der Völker«. Zwei Weltkriege im 20. Jahrhundert haben dieses Mitteleuropa brutal geschüttelt, bis zur völligen Entmischung infolge der Vertreibung der Deutschen aus ihren ehemaligen östlichen Heimaten.

Die Mitte Europas sollte nach meinem Dafürhalten dort lokalisiert werden, wo zwei unterschiedliche europäische Erzählungen von der Welt sich die Waage halten. Nicht das Heilige Römische Reich deutscher Nation war dann die geographische Mitte Europas, sondern die territoriale Schütterzone zwischen dem »Zweiten« und »Dritten Rom«, also der Korridor zwischen dem Heiligen Römischen Reich und dem Reich der Rurikiden. Das alte Mitteleuropa war dadurch gekennzeichnet, dass in ihm zwei unterschiedliche »Romane von der Welt« friedlich nebeneinander koexistierten, ein westeuropäisch-deutscher und ein slawischer Roman, wie sie sich zum Beispiel in der ökonomisch-kulturellen Verschiedenheit in Hansliks Beschreibung ausdrückten. Mitteleuropas Urgrund war, metaphorisch gesprochen, das slawische tief reichende Wasserelement, doch seine Frische erhielt es von deutschem Unternehmensgeist und von westeuropäischem Sinn für Zweckmäßigkeit. Nun könnte man der Ansicht sein, diese Metapher sei infolge der Ereignisse des unseligen deutschen Russlandfeldzuges und der für Europa verhängnisvollen Nachkriegsordnung ein für allemal tot. Doch dem scheint nicht so zu sein. Die Grenzlinie, bis zu der die deutschen Siedler im hohen Mittelalter nach Osten vorstießen, wird überschlagsmäßig mit der Linie Maribor–Riga gezogen. Es besteht eine merkwürdige Übereinstimmung dieser Linie mit einer aus einem anderen Zusammenhang herrührenden innereuropäischen Trennungslinie – der Hajnal-Linie. John Hajnal, ein ungarisch-britischer Ökonom, veröffentlichte 1965 die Abhandlung »European Marriage Patterns in Perspective« über das Verhalten der Europäer hinsichtlich Heirat und Kinderzahl in der Zeit um das Jahr 1900. Er kam zu dem Ergebnis, dass eine gedachte Linie von Triest nach Sankt Petersburg (die dieselbe Tendenz hat wie die Linie Maribor–Riga) Europa in zwei unterschiedliche Praktiken teilt: Westlich dieser Linie herrschte ein hohes Erstheiratsalter vor sowie ein hoher Anteil an lebenslang ledig bleibenden Personen. Die Hajnal-Linie markiert demnach einen demographischen Übergang, der sich wohl nur dadurch erklären lässt, dass links und rechts dieser Linie (jedenfalls in dem von Hajnal betrachteten Zeitraum) zwei unterschiedliche Vorstellungen vom höchsten Gut im Leben – und das bedeutet auch zwei unterschiedliche Erzählungen von der Welt – vorherrschten. Das Eigenartige an der Hajnal-Linie ist nun, dass sie nach wie vor Gültigkeit zu haben scheint: Die Wikipedia teilt zu dem Stichwort »Hajnal-Linie« mit, dass »die These von bedeutenden Unterschieden zwischen den Verhältnissen in Westeuropa und denen in Osteuropa und dem Rest der Welt bei Eheschließung nicht widerlegt werden« konnte.

Die Westgrenze Mitteleuropas ist durch die ahistorische polnische Westverschiebung nach 1945 leider völlig verwischt worden. Königsberg würde jedenfalls zu Mitteleuropa gehören – ein nicht gänzlich ahistorisches Mitteleuropa kann ohne Königsberg nicht werden. Moskau müsste daher das Opfer Kaliningrad/Königsberg bringen, aber sein eigener Zugewinn, den es durch das Gedeihen Mitteleuropas gewiss hätte, wäre dieses Opfer wohl wert, zumal die Angelsachsen mit Mitteleuropa nichts zu schaffen hätten. Dieses Opfer wiederum müssten die Polen und die Washington bis auf den Tag hörigen mitteleuropäischen Staaten erbringen. Es verstünde sich von selbst, dass Mitteleuropa sich des »transatlantischen Tumors« (Mariam Kühsel-Hussaini) schon in statu nascendi zu entledigen hätte – wie anders könnte es zu einem Korridor zwischen West und Ost, zu einem »Land zwischen den Ländern« werden?

KAPITEL 2:
VON GOTT

Jesus heilt einen Gelähmten.
Wandmalerei aus einer frühchristl. Hauskirche (um 230 n. Chr.)
in Dura Europos (Syrien)

2.1 Das Evangelium vom fremden Gott

Die christliche Religion ist eine Complexio oppositorum, eine Synkrisis einander sich (scheinbar) widersprechender Glaubensinhalte. Die katholische Kirche versteht sich als eine *Katholike*, das heißt als eine allumfassende Gemeinschaft der Christgläubigen aus allen Nationen. Sie will die *Ekklesia* (»die Herausgerufene«) der aus allen Völkern und Nationen zu und für Gott Herausgerufenen sein und zugleich die Erbin des auserwählten Volkes Israel. Sie verpflanzt das Ideologem der Auserwähltheit vom jüdischen Volk auf die Gemeinschaft (Ekklesia) der Christgläubigen *aller* Völker. Sie pendelt als Mysterienreligion zwischen einer Naturreligion, deren Heilsgeschehen sich im Naturhaften vollzieht, und einer Religion der Innerlichkeit, bei der alles auf den Glauben gestellt ist. Stärke und Anziehungskraft des jungen Christentums lagen in der Fülle seiner polaren religiösen Elemente, die es von Anfang an umfasst hat:

- Es predigte einen Herrn und Heiland, der unter Tiberius gekreuzigt worden war, und behauptete zugleich, dass dieser Herr als göttlicher Logos schon bei der Erschaffung der Welt beteiligt war und durch die Urväter und die Propheten gesprochen habe.

- Es erklärte den Kosmos zu einer guten Schöpfung und diese Welt zugleich zum Herrschaftsbereich des Teufels und der bösen Dämonen.
- Es schärfte durch Ankündigung des nahen Gerichtstages und Weltendes die Gewissen und verkündigte den Richtergott doch zugleich auch als den Vater aller Barmherzigkeit.
- Die christliche Religion richtete eine religiöse Demokratie auf und war dennoch von Anfang an darauf bedacht, die Ekklesia unter die Autorität der römischen Kaiser zu beugen.
- Sie lehrte die Fleischwerdung des göttlichen Logos, die Inkarnation des einen transzendenten Gottes in der Zeit und in diese Welt hinein.[27]

Wenngleich nicht ohne Widerspruch hingenommen, war »auf jüdischem Boden die Verkündigung von Jesus Christus lediglich die Er-

[27] Harnack, *Marcion: Das Evangelium vom fremden Gott*, S. 5.

füllung der altmessianischen Verheißungen«[28]. Die Complexio oppositorum entfaltete ihre volle Wucht erst, als das Evangelium auf griechischen Boden übertrat. Dort wurde die jugendfrische judenchristliche Religion sofort zur abgeklärten *Religionsphilosophie*. Griechische Philosophie und griechischer Geist vermochten sich nicht bei einer allein dem Glauben anheimgestellten christlichen Botschaft zu beruhigen – die griechische Vernunft verlangte nach einer »Aufklärung« der immanenten Widersprüche in der weltenstürzenden Botschaft vom gekreuzigten Gott. Was in Palästina Messianismus und Eschatologie war, das enthüllte sich auf griechischem Boden als eine Religion, deren Inhalt vom griechischen Geist ein Maximum an Dehnbarkeit und Durchdringungskraft verlangte, um der neuen Religion nichts von ihrer Totalität und Universalität zu nehmen. Der erste christliche Denker, der schon bald nach dem Tod des Paulus auftrat und sich bei der Complexio oppositorum nicht beruhigen konnte, war Marcion von Sinope (gebren um 85 n. Chr.). Marcion war der erste Häretiker des Christentums, der er-

[28] Harnack, *Marcion*, S. 5.

ste christliche Lehrer also, der nur dem folgen wollte, was er selbst sich als richtig aus der Totalität der christlichen Lehre herausgesucht hatte. Ihm ist Adolf von Harnacks grundlegende Abhandlung *Marcion. Das Evangelium vom fremden Gott* aus dem Jahre 1921 gewidmet. Für Marcion, so Harnack, ist das Christentum reine Offenbarungsreligion; weder die Vernunft noch die Schöpfung geben einen Hinweis auf die Existenz eines vom Schöpfer verschiedenen, guten Gottes. Und doch müsse es einen vom Demiurgen verschiedenen Gott geben – davon war Marcion überzeugt, denn der Demiurg könne unmöglich der Vater Jesu Christi sein. Dieser fremde Gott ist dem Demiurgen überlegen: Er ist gut, während der Schöpfergott nur gerecht ist und sogar von Affekten wie Zorn und Eifersucht bewegt, ja getrieben wird. Marcion war, so schreibt Harnack in seinem Vorwort, »der einzige Denker in der Christenheit, der mit der Überzeugung vollen Ernst gemacht hat, daß die Gottheit, welche von der Welt erlöst, mit der Kosmologie und der kosmischen Teleologie schlechterdings nichts zu tun hat«.

Marcion war das Evangelium Christi als eine Offenbarung aufgegangen. Begeistert ruft er im Prolog seiner »Antithesen« das Bekenntnis aus: »O Wunder über Wunder, Verzückung, Macht und Staunen ist, daß man gar nichts über das Evangelium sagen noch über dasselbe denken noch es mit irgend etwas vergleichen kann.«[29] Marcions Christentum ist eine Religion der Transzendenz, eine Religion »der Innerlichkeit bis zur äußersten Konsequenz«.[30] Mit Marcions Gott verbindet den Menschen kein naturhaftes Band, auch nicht mit dem menschlichen Geist. Der Geist, die Seele sind bei Marcion nicht göttlicher Herkunft, sondern die Schöpfung eines »bösen« Demiurgen, eines dem absolut transzendenten Gott inferioren Schöpfergottes, bei dem nicht ganz klar ist, ob Marcion ihn nicht einfach mit der Welt selbst gleichsetzt oder ihn sich doch zumindest bloß als ein minderwertiges Prinzip der Welt, der Schöpfung, der Natur vorstellt. Marcion nennt den guten und wahren Gott den »*Unbekannten*«, »weil er in keinem Sinn an der Welt und an den Menschen erkannt werden kann«.[31] Als ein in jeder

29 Harnack, *Marcion*, S. 81.

30 Harnack, *Marcion*, S. 4.

31 Harnack, *Marcion*, S. 4.

Hinsicht *fremder* Geist und *fremder* Herr trat dieser Gott mit der Geburt Jesu Christi in diese Welt ein. Marcions Lehre ist zwischen jenen der altkatholischen Kirche und der späthellenistischen Gnosis einzuordnen. Sie steht der Kirche jedoch näher, und Marcion hatte gewiss auch nie vor, eine neue Religion zu begründen. Sein Hauptanliegen war die Reinigung des Evangeliums von allen judaistischen Verfälschungen. Er suchte nach dem »wahren« Evangelium, wie Paulus es ohne menschliches Zutun direkt von Gott empfangen haben wollte. Dieses Evangelium philologisch zu rekonstruieren machte Marcion sich zur Aufgabe. Bei dieser Aufgabe, das authentische Evangelium nebst den Originalbriefen des Paulus zu rekonstruieren, berief Marcion sich nicht, wie ein halbes Jahrtausend nach ihm Mohammed, auf eine neuerliche göttliche Offenbarung, sondern allein auf die philologische Textkritik. Die *Antithesen* sollten die Unvereinbarkeit des Alten Testaments mit dem Evangelium und die Herkunft des Letzteren von einem anderen Gott erweisen. Marcion vollendete sein *Antithesen*-Werk zwischen 139 und 144. Im Zuge seiner Arbeit stellte sich das Lukasevangelium als das für ihn authentischste der vier Evangelien heraus.[32] Zwar lehnten auch die Gnostiker das Alte Testament ab, aber aus anderen Gründen als Marcion. Der Schöpfungsbericht der Genesis und das »Und Gott sah, dass es gut war« konnten auch die Gnostiker nicht akzeptieren, denn sie sahen die Welt als ein Gefängnis des Geistes an. »Gnosis« bedeutet Wissen. Das Wissen ist in der Gnosis allerdings kein Wert an sich, sondern es dient ihr lediglich als Sprungbrett ins Transzendente, das somit von den Gnostikern als dem Menschen grundsätzlich zugänglich aufgefasst wird, während für Marcion die Kluft zwischen der Welt und der Transzendenz nur vom guten Gott selbst überbrückt werden konnte. Die exakten Wissenschaften werden von der Gnosis bis an eine Schwelle herangebracht, wo ihr Scheitern sichtbar werden soll. Dieses Grenzerlebnis des Scheiterns wird zur Voraussetzung dafür, dass sich der Wissende schließlich vom wissenschaftlichen Wissen abwendet, zumal von der Physik und der Kosmologie. Am Ende dieses Vorgangs steht eine Umkehrung von Objektivem und Subjektivem: Was der exakten Wissen-

32 Harnack, *Marcion*, S. 68.

schaft als objektives Faktum gegeben ist, das erweist sich im Vorgang der gnostischen Methode als ein Scheinwissen, als ein Truggebilde des Subjekts; umgekehrt bekommt das, was diesseits der »gnostischen« Grenze wissenschaftlich nicht fassbar, ja überhaupt gar nicht existent war, jenseits der Schwelle plötzlich den Charakter höchsten Seins und höchster Realität. Gnostisches »Wissen« ist ein eingeweihtes oder geheimes, kein öffentliches, allgemein kursierendes »wissenschaftliches« Wissen.

Gegen die Gnosis bestreitet Marcion nun aber die göttliche Herkunft der menschlichen Seele und des menschlichen Geistes. Gegen die Gnosis bestreitet Marcion auch, dass es dem Menschen durch Erkenntnis möglich sei, die Befreiung der Seele aus ihrer Gefangenschaft in der Materie und ihren Wiederaufstieg und ihre Rückkehr zu Gott selbst herbeizuführen. Die Gnostiker sagten, der Mensch sei ein Fremdling auf Erden, und der aus dem göttlichen *Pleroma* gebildete Menschengeist sei nur aufgrund eines kosmischen Unfalls in die Materie hineingeraten. Gleichwohl besitze der Mensch in seinem Geist einen Funken vom Sein und Leben Gottes und in diesem Funken also gleichsam auch eine Erinnerung an seine ursprüngliche göttliche Herkunft. Die der Gnosis verwandte Hermetik spezifizierte die Lehre vom Seelenabstieg und ihrem Wiederaufstieg noch durch die Vorstellung, dass die Seele bei ihrem Absinken in die Materie die sieben Sphären (Äonen) der Planeten durchmesse, wodurch sie sukzessive bestimmte Eigenschaften annehme, die sie bei ihrem Wiederaufstieg nach dem Tode dann wieder ablegen muss.[33] Bei Marcion hingegen findet sich weder eine Äonen-Spekulation noch die gnostische oder hermetische Lehre vom Abstieg und Aufstieg der Seele. Alles am Menschen: Körper, Geist und Seele, war für ihn das Werk des inferioren Demiurgen. Die Menschheit könnte, so Marcion, gar nichts von dem guten Erlösergott wissen, hätte dieser sich nicht in Jesus Christus in einem Akt unvorhersehbarer Barmherzigkeit entschlossen, die Menschheit heimzusuchen und »in ein ganz neues, bisher auch nicht einmal geahntes Vaterhaus«[34] zu führen. Denn den Erlösergott Marcions verbindet keine Verpflich-

33 Pohlenz, *Die Stoa. Geschichte einer geistigen Bewegung*, S. 382.

34 Harnack, *Marcion*, S. 5.

tung mit der Welt und dem Menschen, und der Mensch ist auch nicht das Abbild dieses fremden Gottes. Das, wovon Christus die Menschheit – also die Menschen, die an ihn glauben – erlöst, ist die Welt mitsamt ihrem Schöpfer, dem Demiurgen des Alten Testaments. Deshalb kehrt der Marcionit nach dem Tode nicht, wie der Gnostiker, in seine ursprüngliche Heimat zurück, sondern ihm soll erst eine Fremde zur neuen Heimat werden. Marcion musste sich die ungeheuerliche Aufgabe vorlegen, unter Rückgriff auf Paulus und die vorhandenen Evangelientexte zu beweisen, dass die Menschheit von ihrem Gott, ihrem »schlechten« Demiurgen, erlöst worden sei.

Marcion wäre bei der ontologische Feinheiten außer Acht lassenden Gleichung Demiurg = Welt wahrscheinlich noch mitgegangen. Aber dann würde der Marcionismus schon beinahe bis an die Tore der heutigen LGBT-Ideologie führen. Marcions Gott erlöst den Menschen ja von dem Gesetz dieser Welt, das zugleich Naturgesetz und Schicksalsgesetz ist. Mit anderen Worten: Marcions Gott befreit den Menschen von allen Verpflichtungen gegenüber der Natur, selbst der eigenen Menschennatur, das heißt in äußerster Konsequenz auch von seiner naturgegebenen Leiblichkeit und Geschlechtlichkeit. Der böse Demiurg, der bei der Erschaffung des Menschen den Geist in einen ungeliebten, »falschen« Körper, in eine ungeliebte geschlechtliche Identität hineingesteckt hat, fände seinen Überwinder in dem »ganz anderen« Gott Marcions. Wie aber könnte ein säkulares Zeitalter wie das unsere das Individuum daran hindern, sich selbst mit diesem »Anderen« gleichzustellen? Das Individuum erscheint dann als sein eigener Erlöser und als Herr über das Gesetz seiner eigenen Leiblichkeit.

Bei Marcion ist alles auf den Glauben allein gestellt. Marcion ist Theologe, aber jedenfalls kein Philosoph, auch kein Religionsphilosoph. Er machte sich an die Aufgabe, das Urevangelium philologisch zu rekonstruieren. Ein solches unverfälschtes, von jüdischen Entstellungen freies Evangelium musste es geben – bei Paulus hatte Marcion den Beweis dafür gefunden, weil der Apostel im ersten Kapitel des Galaterbriefes ja selbst sagt, er sei direkt von Gott berufen worden (Gal 1,1) und habe das Evangelium Christi nicht durch menschliche Vermittlung erhalten, sondern unmittelbar durch eine Offenbarung von Gott (Gal 1,12). Marcion verwarf das Alte Testament, denn der Gott, der aus diesem spreche, könne mit dem barmherzigen Erlösergott des Evangeliums schlechterdings nichts zu tun haben. Im Alten Testament trat ihm das Bild eines Gottes entgegen, der auch Zorn, Reue und Eifersucht empfinden konnte, was für Marcion ganz unannehmbar war, denn derartige niedere Leidenschaften waren für ihn, den Griechen, Schwächen, von denen sich sogar der Mensch frei halten sollte.[35] Marcion sah also in diesen Affekten den Beweis für die Minderwertigkeit des jüdischen Gottes »und verwendete sie als Hauptargument, um die Verschiedenheit des alttestamentarischen, nur ›gerechten‹ Schöpfergottes von dem wahren ›guten‹ Gotte, dem Vater Christi« zu erweisen.[36] Daher verwarf Marcion das Alte Testament als Glaubensurkunde und suchte aus dem Evangelium jeden jüdischen Einfluss zu eliminieren. Er machte sich an die Aufgabe, der neuen christlichen Religion ihre eigene Glaubensurkunde zu verschaffen, in der der Begriff von Gott auf einen gleichen logischen Nenner gebracht war. Marcions Programm

[35] Pohlenz, *Stoa*, S. 410.

[36] Pohlenz, *Stoa*, S. 411.

lautete daher: Vereinfachung und Vereinheitlichung; Durchführung der *Paradoxie der Religion*: »Die wahre Religion muß ebenso eindeutig und transparent sein, wie sie fremd und absolut paradox sein muß.«[37] Und dies gelang ihm nur, indem er eine Zweigötterlehre konstruierte. Denn der Zustand der Welt und des Menschen darin war für ihn unvereinbar mit der Botschaft vom barmherzigen Gott und Vater Jesu Christi. Indem Marcion das Alte Testament verwarf, hörte Gott bei ihm auf, der Schöpfer zu sein, hörte Gott auch auf, der Gesetzgeber zu sein, hörte Gott schließlich auf, der Richter zu sein. Gott sollte fortan nichts als Barmherzigkeit und Liebe sein.

Die hier zur Erklärung für Marcions Zweigötterlehre vorzutragende These lautet: Der gute Erlösergott dient bei Marcion auch zur Lösung des Theodizeeproblems, das heißt der Rechtfertigung Gottes angesichts des realen Leids und Elends auf der Welt. Der Rachegott des Alten Testaments, den Paulus im Römerbrief (Röm 9,20–21) mit einem Töpfer vergleicht, der frei über den Ton verfügen darf und der den einen Tonklumpen zu einem erle-

[37] Harnack, *Marcion*, S. 17.

senen Gefäß (d.i. der erlöste Mensch), den anderen hingegen zum Nachttopf (d.i. der verworfene Mensch) bestimmt, kann unmöglich mit dem erlösenden Vater Jesu Christi identisch sein. Marcion ist konsequent darin, dass er vom gesamten Alten Testament nichts wissen will, denn ein Willkürgott, der nach Belieben erwählt oder verdammt, wäre unerträglich menschen- und lebensfeindlich. Ein solcher Gott stünde der Bejahung des Lebens im Wege, würde zu Resignation, Weltabwendung und Nihilismus führen. Luther ist hier der Gegenpol zu Marcion: Der Gott Luthers steht so unendlich hoch über dem Menschen, dass er den Menschen im Voraus erwählt oder verdammt, nach ganz unerforschlichen Gründen. Zwar soll Luther zufolge der Glaube rechtfertigen, doch dieser Glaube im Menschen ist gottgewirkt, das heißt, der rettende Glaube geht *nicht* auf das Konto des glaubenden Menschen. Deshalb, so meine These, leidet der Protestantismus noch heute an einem verborgenen Schuldkomplex, denn er löst das Theodizeeproblem nicht, sondern potenziert es sogar noch. Die im Protestantismus nur oberflächlich gelöste Rechtfertigung des Menschen bricht spätestens dann in sich zusammen, wenn der Glaube, der die Rechtfertigung bewirken soll, nicht (mehr) geglaubt wird oder nicht mehr geglaubt werden kann. Der Protestantismus bekommt es dann augenblicklich mit einer gewaltigen Schuldfrage zu tun, die er zwar durch Ignorieren oder Verdrängen seiner eigenen, von Martin Luther gelegten Glaubensgrundlage von sich wegschieben kann, die er aber nicht rationaliter und noch viel weniger spiritualiter aus der Welt zu schaffen vermag. Vielmehr ist hier, psychologisch gesprochen, ein Übertragungsvorgang zu erwarten. Wie ich noch ausführen werde, halte ich die Klimareligion und die Klimaschuld für Formen einer solchen Übertragung.

Die Zweinaturenlehre Christi, die das Konzil von Nicäa im Jahre 325 festgeschrieben hat, ist in nuce ebenfalls eine Zweigötterlehre, aber eben dadurch ist sie auch fähig, das Theodizeeproblem zu lösen: Die Liebe des Sohnes kämpft am Kreuz gegen den Genugtuung fordernden Vater im Himmel – aber eigentlich kämpft Gott mit sich selbst. Er stirbt auch selbst am Kreuz mit, und zwar ganz und nicht nur seine menschliche Hülle. Wenn Gut und Böse a priori gleichberechtigte Gegner im Kampf waren, wäre das Theodizeeproblem gelöst, denn dann kann man dem guten Gott ja nicht mehr vorwerfen, das Böse in der Welt zugelassen zu haben: Er, der gekreuzigte gute Gott selbst, wäre am Kreuz zum Opfer des Bösen geworden. Darum liegt in der um 1040 gedichteten Ostersequenz *Victimae paschali laudes* eine sehr tiefe Weisheit: »Mors et vita duello conflixere mirando« – Tod und Leben rangen in wunderlichem Zweikampf. Zwar hat Martin Luther als Fundament seiner Glaubenslehre die Predigt von Christus dem Gekreuzigten, doch es fehlt der Hinweis darauf, dass der *ganze* Gott mit gekreuzigt wurde. Und sobald die Göttlichkeit des gekreuzigten Christus infrage gestellt ist, bricht die lutherische Rechtfertigungslehre in sich zusammen. Glaubt nun etwa das Zeitgeist-Christentum noch an die Göttlichkeit Jesu Christi? Wenn noch nicht einmal das eucharistische Brot der Leib des Herrn *ist,* wo ist dann überhaupt anders als in mir selbst dieser Jesus des Evangeliums noch lebendig und wirksam? Aber wenn nur noch in mir selbst, was gäbe dann noch eine Gewähr dafür, dass ich mich nicht bloß selbst in diesem Jesus hypostasiere, sodass von seiner Gottheit nichts mehr übrig bliebe als die Selbstvergottung meines eigenen Ichs?

Im Späthellenismus passen sich die Wissenschaften mehr den Bedürfnissen des Gros der Menschen an: Die Astronomie stellt sich als Astrologie in den Dienst der Zukunftsschau, die Ethik gerät unter die Dominanz der stoischen Affektenlehre. Es kommt zu einer bis dahin nicht gekannten Psychologisierung der Ethik, die in der klassischen griechischen Philosophie stets in engster Beziehung zur Kosmologie und zur Naturphilosophie gestanden hatte. Ein irrationales Moment, das die antike Philosophie so nicht gekannt hatte, bricht sich Bahn, und sogar mythische Elemente werden in das Denken hineingezogen. Dieser Epochenbruch im griechischen Geistesleben vollzieht sich im Verlauf des ersten vorchristlichen Jahrhunderts. Noch ein letztes Mal erstrahlt in dem syrischen Stoiker Poseidonios das Ethos des althellenischen Geistes, Welt und Mensch in einem rationalen System der Welterklärung zusammenzuführen. Noch einmal wird bei Poseidonios eine Brücke von den Naturwissenschaften zur Ethik geschlagen. Doch dieser Versuch ist schon religiös gefärbt: Poseidonios stilisiert die Natur selbst zur göttlichen Vorsehung, ja zu einem göttlichen Lebewesen. Nicht ein Demiurg bringt die Natur schaffend hervor, sondern die Natur selbst wird zur schaffenden, aus sich selbst alles hervorbringenden Natura naturans. »Die Welt hüllt sich in eine andere Form, ein anderer Gott kommt auf und redet«, urteilte der Altphilologe Karl Reinhardt über den sich im 1. Jahrhundert v. Chr. vollziehenden Umschwung der Geister. »In der einheitlichen Form der Welt entsteht ein Sprung, ein kleiner Riß zuerst [...] dann kommt ein Einfließen [...] Der Orient fließt ein.«[38]

Der Religionsphilosoph Hans Jonas stellte eine Parallele zwischen dem Zustand der griechisch-römischen Geisteswelt der ersten Jahrhunderte und der Moderne fest: Die gnostische Entzweiung von Welt und Mensch, der Verlust der Idee eines dem Menschen verwandten Kosmos sei auch das Wesen des Existenzialismus und des heutigen Nihilismus. Nur sei die Wiedererkennbarkeit der gnostischen Entfremdung und des spätantiken Nihilismus im Nihilismus der Moderne dadurch erschwert, dass der spätantike Nihilismus noch religiös gefärbt war. Der Gnostiker glaubte ja nach wie vor an ein Göttliches sowie an eine Herkunft der Seele und des menschlichen Geistes aus

[38] Reinhardt, *Poseidonios*, S. 16.

diesem Göttlichen, wohingegen der moderne Nihilismus nur noch den nackten Menschen hat. (Allerdings muss Jonas dahingehend korrigiert werden, dass dieser »nackte Mensch« der Moderne immerhin ja durchaus noch der Vergottung fähig ist, wenn auch nur der Selbstvergottung.) Die Gnosis entwertete den Kosmos, ja sie dämonisierte ihn im Wortsinn: Sie dachte die kosmischen Sphären als Herrschaftsbezirke verschiedener Dämonenklassen.

Was war nun für den Zusammenbruch der klassischen Kosmos-Ordnung verantwortlich, »auf der so viel von der antiken Ethik beruhte«?[39] Jonas zufolge lag die Ursache dafür im Bruch der Spätantike mit der klassisch-antiken Lehre vom Teil und vom Ganzen: »Die Lehre der klassischen Ontologie, wonach das Ganze früher und besser ist als seine Teile, dasjenige, um dessentwillen sie sind und worin sie [...] den Sinn ihrer Existenz haben – diese [...] Lehre hatte in der späteren Antike die soziale Basis ihrer Gültigkeit eingebüßt.«[40] Denn das lebendige Beispiel eines solchen Ganzen, das jedem seiner Teile, jedem seiner Glieder, näm-

[39] Jonas, *Gnosis und spätantiker Geist*, S. 368.

[40] Jonas, *Gnosis*, S. 368.

lich jedem seiner Bürger, seinen Sinn und seine Bestimmung gab, war die griechische Polis gewesen. Die Stoa hatte für die Polis, deren politische Selbstständigkeit in den Wirren der Diadochenkriege untergegangen war, den Kosmos, die Welt als Polis-Substitut entdeckt. Die Stoa hatte den *Kosmopolitismus* erfunden. Die alte, viel konkretere Beziehung zwischen Bürger und Polis wurde nun durch die viel abstraktere Beziehung zwischen Individuum und Kosmos ersetzt. Zwar blieb infolge dieser Übertragung das klassische Prinzip vom Teil und vom Ganzen formal in Kraft, jedoch spiegelte es nicht mehr die Lebenspraxis der Untertanen in den hellenistischen Monarchien wider. Dem Menschen wurde, sobald er nicht mehr in die Konkretheit des Polis-Miteinanders eingebunden war, von einem abstrakten »kosmopolitischen Schicksalsspiel« seine Rolle im Welttheater zugewiesen. Der hellenistische Mensch, Individuum und »Schauspieler« auf der Weltbühne der hellenistischen *Ökumene,* spielte »seine Rolle«. Hans Jonas gibt dem gnostischen Glauben an einen fremden, vom Weltschöpfer verschiedenen Gott eine Mitschuld an diesem verkappten späthellenistischen Nihilismus: »Der vom Demiurgen verschiedene gnostische Gott ist der total andere, fremde, unbekannte. Wie sein innermenschliches Gegenstück, das *Pneuma, [...]* hat dieser Gott mehr vom *nihil* als vom *ens* an sich. Eine Transzendenz ohne normative Beziehung zur Welt gleicht einer Transzendenz, die ihre wirkende Kraft verloren hat.«[41] Der gnostische Gott sei daher »eine nihilistische Konzeption: kein Gesetz geht von ihm aus – keins für die Natur und somit auch keins für menschliches Handeln als Teil der Naturordnung«. In demselben Maße, wie der aus der konkreten Lebens- und Polisgemeinschaft herausgelöste Mensch an Seinsschwere verlor, verlor seine ganze Gegenwart an Realität. Der Verlust der platonischen Universalien beraubte die Dinge ihres Ewigkeitshintergrundes – es siegte, wie später nach dem Zusammenbruch der mittelalterlichen Universalien, der Nominalismus über den Realismus. Hans Jonas zufolge ist die Moderne exakt in demselben trostlosen Zustand, in dem den Dingen ihre Ewigkeit und somit ihr Sein selbst fehlt, und daraus zieht Jonas für seine Gegenwart, die zweite Hälfte des 20. Jahrhunderts, den bitteren Schluss: »Es

[41] Jonas, *Gnosis,* S. 371.

ist *[...]* Ewigkeit, nicht Zeit, die Gegenwart gewährt *[...]* und es ist der Verlust der Ewigkeit, der für den Verlust einer echten Gegenwart verantwortlich ist.«[42]

Weil wir die Ewigkeit verloren haben, sind wir auch nicht mehr richtig in der Gegenwart, ja in gewissem Sinne »sind« wir *gar* nicht mehr. In der griechischen Klassik war die Polis das lebendige Beispiel eines Ganzen gewesen, »in deren übergreifendem Leben das kurzlebige Tun der Einzelnen seine Möglichkeit, sein Maß und seine höhere Dauer hatte«[43]. Der hellenistische Kosmopolitismus der Nach-Alexander-Zeit hingegen teilte dem Individuum sein Schicksal nach Zufallsgründen zu: Götter und Menschen seien zum Mitspielen in einem mehr oder weniger absurden Welttheater verurteilt. In derselben traurigen Lage sei auch der Mensch der Moderne. Der moderne Mensch habe, worauf besonders Sartre hinweist, nichts mehr als nur noch seine nackte Existenz. Deshalb trat ganz folgerichtig die Antiphilosophie des Sartre'schen Existenzialismus auf den Plan, in der behauptet wurde, die Existenz des Men-

[42] Jonas, *Gnosis*, S. 377.

[43] Jonas, *Gnosis*, S. 368.

schen gehe seiner Essenz, also seinem Wesen, voraus – eben weil den Existenzialisten eine Idee vom Menschen, eine Universalie vom Mensch-Sein nicht mehr greifbar erscheint.

2.2 Anmerkungen zum Gegenwarts-Christentum

Weil das Theodizeeproblem im Protestantismus ungelöst blieb, trat ein protestantischer Schuldkomplex – als Residuum des spätmittelalterlichen katholischen Schuldkomplexes und in die Ökonomie von buchhalterischem Soll und Haben verwandelt – die Flucht nach vorn in die neuzeitliche Weltumformung und Weltbeherrschung an. Derselbe Schuldkomplex erscheint heutigen Tags, in neuem Gewand, als das Hauptelement einer naturalisierten Heilsökonomie in der Klimareligion. Gleichzeitig betritt der böse Demiurg Marcions wieder die Bühne. Er schillert nun zwischen reinem Natur-Sein und Klimagott-Sein. Luther hat das Rechtfertigungsproblem nicht gelöst. Ihm ist aber rückblickend gesehen ein großes Ablenkungsmanöver gelungen, indem er die mittelalterliche Kontemplation in neuzeitliche Aktion verwandelte. Luthers Tat trägt ihren Anteil Mitverantwortung am Klimagott, und doch hätte er in seiner rustikalen deutschen Art den Klimajüngern von heute gewiss zugerufen: »Und wenn ich wüsste, dass morgen die Welt verbrennt, so würde ich noch heute ein Haus bauen, einen Apfelbaum pflanzen und einen Sohn zeugen.«

Das Grundproblem des Zeitalters der Reformation war der Zweifel am Errettet-Sein. Bußübungen und eine Vita contemplativa waren bis zum Auftreten Luthers die gängigen Methoden gewesen, um dieses Zweifels Herr zu werden. Luther löst das Rechtfertigungsproblem eigentlich nicht, zumal er Gottes Allmacht noch potenzierte und damit auch die Schwere des Ausgangsproblems. Er überführt aber die spätmittelalterliche Werksgerechtigkeit auf das weltliche Terrain des Berufes. Mit seiner Ende 1520 herausgebrachten Schrift *Von der Freiheit eines Christenmenschen* beginnt das protestantische Berufsethos: Der Christ soll eine doppelte Stellung zur Welt einnehmen. Er müsse wissen, dass Gott ihn dahin gestellt hat, wo er gerade standesmäßig steht, um von dort aus in Beruf und Familie zu wirken. Gleichzeitig müsse er wissen, dass er ein Pilger auf dieser Erde und seine Seele nicht von hier ist. Die neuzeitliche

Flucht in die Aktion, in die Weltumformung und Weltbeherrschung war aber wahrscheinlich ein Pyrrhussieg, der uns nun teuer zu stehen kommt, da dem protestantischen Nordeuropa und Nordamerika eine von der kritischen Theologie des 19. Jahrhunderts schwer beschädigte protestantische Rechtfertigungslehre im Nacken sitzt. Der Katholizismus wiederum hat jedoch keinen Anlass, aufzutrumpfen, denn mit dem Zweiten Vatikanischen Konzil verschwisterte er sich theologisch mit dem Protestantismus. Die rosarote Glibberdecke, in die das Zeitgeist-Christentum sich heute hüllt, widerlegt nicht, sondern bestätigt dessen Furcht vor dem Gericht und dem Jenseits, denn die immer allfälliger geäußerte panische Angst vor jedem nüchternen, rationalen Blick auf Gott, das Jenseits und auf das Weltende wäre unnötig, gäbe es da keine verborgene Furcht – und sei es, dass diese Furcht sich nunmehr in der Angst vor der Klimahölle äußert.

Wissenschaft ist heute, wie in den Tagen der spätantiken Gnosis, zu einem Sprungbrett geworden (zu schweigen von ihrer Rolle als bloßes Mittel zur Machtausübung und zur Manipulation der Massen): Es geht ihr längst nicht mehr um Erkenntnis um der Erkenntnis willen und erst recht nicht mehr um die Wahrheit, sondern in zunehmendem Maße um eine, zudem noch reichlich unbewusst wirksame Methode zum Erreichen eines übervernünftigen, ja vernunftaufhebenden Vollendungszustandes. Dies führt dann beispielsweise dazu, dass die klassische Meteorologie einer Klimatologie weichen muss. Die Klimareligion hat Nietzsches Ziel vor Augen: »uns Menschen mit der reinen, neu gefundenen, neu erlösten Natur zu vernatürlichen!«, uns mit der Natur auszusöhnen, uns in den sündlosen Paradieszustand zurückzuversetzen. Jedoch gelingt es der Klimareligion keineswegs, die Natur zu entgöttlichen. Das Gegenteil ist der Fall: Ein neuer Gott, der Klimagott, erscheint auf der Bühne der Menschheitsgeschichte. Dieser hält ebenso Gericht über die Welt, jedoch nurmehr auf der Grundlage von Kohlendioxidbilanzen. Auch dieser neue Gott flößt dem Menschen ein schlechtes Gewissen – das Umweltgewissen – ein, sowie Scham und Reue. Der Schatten eines Gottes ist somit nach wie vor an jener Höhlenwand sichtbar, vor der die westlichen säkularen Gesellschaften sitzen. Je mehr der Schatten des sterbenden alten Christengottes verblasst, desto kräftiger zeichnet der neue Gott des Klimas seinen Schatten an diese Wand. Der Klimagott ist keine moderne Neuauflage des gnostischen Gottes, sondern eine Wiederkehr des schon von Marcion bekämpften Weltdemiurgen. Erst der Götze der anthropotechnischen und transhumanistischen Selbsterlösung ist eine Wiederkehr des Gottes der spätantiken Gnosis. Obwohl Klimapolitik und Transhumanismus beide vom Globalismus katalysiert werden, haben beide Ideologien doch nicht dieselbe transzendente *Deitas*. Der Klimagott ist weltimmanent, er ist die nach Kohlendioxidbilanzen rechnende und rechtende Natur. Der Gott des Transhumanismus hingegen ist der transzendent gesteigerte Mensch selbst, der sich an die Stelle des sterbenden christlichen Gottes setzt. Die Klima-Rache ist den Massen zubereitet, die transhumanistische Selbstvergottung hingegen nur einer auserlesenen Elite.

Es ist ein wirklich böser Treppenwitz der Geschichte, dass sich die katholische Kirche, um sich mit der Moderne auszusöhnen, in den Siebzigerjahren die Evolutionstheorie (Teilhard de Chardin!), ja die gesamte moderne Wissenschaftsgläubigkeit aneignete. In unseren Tagen muss sie nun miterleben, wie genau jene vermeintlich auf Ewigkeit gegründete wissenschaftliche Methode sich von innen heraus selbst zersetzt, um einer gnostischen Irrationalität Platz zu machen. Löst sich der offizielle Katholizismus nicht aus dieser verhängnisvollen Verbindung, so ist sein Untergang absehbar. Denn mit der von den neuzeitlichen exakten Naturwissenschaften adaptierten wissenschaftlichen Methode, die Eingang in die katholische Theologie gefunden hat, wird er selbstverständlich in den gnostischen Mahlstrom mit hineingerissen werden – es sei denn, der offizielle Katholizismus *will* in einer gnostischen Kultur der Selbsterlösung, in der Klimareligions-Predigt und im gnostischen Transhumanismus bei vollem Bewusstsein eine aktive Rolle mit spielen.

Die Christologie, die für die Kirchenväter der ersten Jahrhunderte eine solche herausragende Bedeutung hatte, steht in engem Zusammenhang mit dem Wesen der christlichen Erlösung. Im Späthellenismus kursierten verschiedene Vorstellungen von Erlösung, etwa von der Erlösung von der Sünde und von der Macht der Dämonen. *Eine* Erlösungsvorstellung trat im 3. Jahrhundert n. Chr. in den Vordergrund: die Erlösung vom Tode, die Erhebung zum ewigen Leben – im Endresultat die Vergöttlichung des Menschen.[44] Das Christentum des 3. Jahrhunderts fasste die Erlösung vom Tod als einen *pharmakologischen Prozess* auf: Um des göttlichen Lebens teilhaftig zu werden, muss die göttliche Substanz in den Menschen einströmen und die menschliche Natur umbilden.[45] Der Erlöser selbst muss Gott sein und Mensch werden, denn in der göttlichen Menschwerdung wäre der Nachweis erbracht, dass die menschliche Natur hinsichtlich des Einströmens göttlicher Wesenheit überhaupt aufnahmefähig ist. Die Auferstehung des gekreuzigten Gottes ist sodann der Experimentalbeweis dafür, dass die Menschennatur tatsächlich, und zwar im Tode, einer Gottes-Anverwandlung fähig ist. Das Johannesevangelium liefert eine Stütze für diesen Vorgang. Jesus spricht in Joh 6,53 zu den ungläubigen Juden: »Wenn ihr das Fleisch des Menschensohnes nicht esst und sein Blut nicht trinkt, dann habt ihr das Leben nicht in euch.« Christus spricht hier vom göttlichen, ewigen Leben, das nur zu haben sei, wenn man seine göttliche Substanz in sich aufnimmt, so

44 Harnack, *Das Wesen des Christentums*, S. 144f.

45 Harnack, *Das Wesen des Christentums*, S. 145.

wie man Fleisch und Blut als Speise und Trank zu sich nimmt. Aber wie soll der Christ das göttliche Fleisch essen und das göttliche Blut trinken? In Gestalt der Eucharistie, im eucharistischen Mahl, im verwandelten Brot und im verwandelten Wein. Offenkundig ist dieser Erlösungsgedanke ohne die Göttlichkeit Christi hinfällig. Daher rührt die ungeheure Bedeutung der göttlichen Natur Christi, weil sonst die Erlösung vom Tode durch göttliche Anverwandlung des Menschen nicht mehr sichergestellt ist. Aber noch weiter: Die kontemporäre säkulare Pharmakologie des Glücks ist lediglich eine falsche Imitation der göttlichen Realpräsenz in der Eucharistie! Auch der abendländische Mensch der Spätmoderne kommt deshalb aus dem spätantiken Erlösungsschema *nicht* heraus. Er kann es wohl verzerren, er kann versuchen, dem Schema einen anderen Anstrich zu geben – aber der Kern, das Erlösungsbedürfnis vom Tode, ist geblieben.

Der Kampf der Gnosis gegen die katholische Kirche besteht also im Wesentlichen im Unterschied ihrer »Erlösungsstrategien«: Auf der Seite der Gnosis stehen Glückstechniken und Techniken der Selbstvergottung, auf der katholischen Seite eine Medizin der ewigen

Glückseligkeit und eine Medikation zur Vergöttlichung des Menschen. Interessant ist, dass die Marcioniten den Weg der katholischen Großkirche nicht mitgehen konnten, weil nach Marcions Überzeugung Christus nicht wirklich Fleisch angenommen hatte, sondern nur in einem Scheinleib zur Welt kam, weshalb er den Jüngern auch nur als ein Phantasma erschienen sei, nicht als ein Mensch aus Fleisch und Blut. Bei Marcion kann die göttliche Gnade nicht im Vehikel der Materie transferiert werden, und somit konnte es im Marcionismus keine Sakramente geben, denn diese hätten ja des materiellen Gefäßes bedurft. Die Verwässerung der Realität seiner Sakramente musste dem Katholizismus notwendig einen Todeskeim implementieren – wie es im Zuge des Zweiten Vatikanischen Konzils, in der Angleichung an Protestantismus und Calvinismus dann ja leider auch geschah. Das Mysterium der Realpräsenz Christi im Altarsakrament wurde abgeschwächt, indem die alte Messe umgestaltet wurde und ihr der Charakter einer (wiederholenden) Erinnerungsfeier verpasst wurde. Aber die Sehnsucht des postmodernen Menschen nach Erlösung im Sinne einer Erlösung vom Tode ist ja so virulent wie vielleicht seit der

Spätantike nicht mehr. Und just in dieser Situation findet sich der Amtskatholizismus mit einer bis zur Unkenntlichkeit abgeschwächten sakramentalen Praxis selbst vor.

Im Schoß der katholischen Kirche lebt die ganze Antike weiter, vor allem der griechische Hellenismus, vor allem eine christlich veredelte Stoa. Luthers Kampf gegen die Kirche war auch ein Aufstand der germanischen gegen die mediterrane Welt. Luther, der Schöpfer der neueren deutschen Sprache, hat das Deutschtum gleichsam judaisiert, es von seinen mittelländischen Verbindungen abgeschnitten. Schlimmer noch, Luther erklärt den Menschen zum verkommenen Geschöpf – ein für die ganze Antike schlicht nicht nachvollziehbarer Gedanke. Indem nun der Protestantismus das Sakrament der Eucharistie verwirft und eigentlich nur noch das Wort gelten lassen will, leugnet er das reale Verbleiben Christi in der Welt und wandelt so auf den Pfaden Marcions und Mohammeds, ganz zu schweigen von seiner Nähe zum Judentum, für das der Messias ja noch überhaupt nicht auf Erden erschienen ist. Freilich ist das gegenwärtige evangelische Zeitgeist-Christentum ganz und gar nicht judaistisch gefärbt, was jedoch nur darin seine

Ursache hat, dass in ihm das Ego zur Offenbarungsquelle gemacht ist, wohingegen das orthodoxe Judentum sich streng an Mose und die Propheten als Offenbarern Gottes hält sowie an jahrtausendealte Traditionen der Schriftauslegung. Christentum ohne Christus, aber plus der Glaube an die Selbstvervollkommnung des Menschengeschlechts: dies ist die knappestmögliche Definition von Sozialismus. Daher wundert es nicht, wenn man das heutige Zeitgeist-Christentum auf neosozialistisch-globalistischen Pfaden wandeln sieht.

Luther hatte natürlich recht damit, dass der Papst nicht die Kirche sei. Aber Luther verstand nicht, dass die Kirche weit mehr ist als der Papst und die Institution. Die Kirche ist von Ewigkeit, und sie wird zu Ewigkeit sein. Sie hat tatsächlich noch Tau aus den Tälern der Morgenfrühe der Menschheit in ihrem Haar, und in ihr knien tatsächlich Völker, die schon lange dahin sind, wie es bei Gertrud von le Fort in *Hymnen an die Kirche* heißt. Sie ist wirklich die Straße, auf der die Jahrtausende zu Gott ziehen. In der heiligen Kirche knien die Sumerer und das alte Ägypten. In ihr knien chaldäische Sternenkundige und römische Vestalinnen. Es knien in ihr die Kämpfer

Alarichs, die sich bei der Eroberung Roms im Jahre 410 unterstanden, die römischen Mädchen und Frauen auch nur anzurühren, geschweige denn, sich an ihnen zu vergehen. Und in ihr kniet Konstantin Palaiologos: In welcher Hinsicht auch immer er sonst als Kaiser gefehlt haben mag, so hat er doch seine heilige Mutter die Kirche am 29. Mai 1453 mit dem Schwert in der Hand verteidigt, wie es sich für einen guten Sohn gehört. Und in der Tat ist die Kirche eine »Sie«, denn sie ist weiblich, sie ist eine Mutter, die mit und für ihre Kinder betet. Edith Stein betet in der ewigen Gotteskirche für das deutsche und das jüdische Volk. Für das russische Volk betet neben der ermordeten Zarenfamilie jener russische Soldat, der nach dem Zeugnis Alexander Solschenizyns den Zaren in einem Feldpostbrief von der Galizienfront anflehte: »Wir brauchen, rechtgläubiger Zar, weder Silber noch Gold. Wir bitten dich nur um eins, rechtgläubiger Zar: Schick uns wieder nach Hause, zurück zu Vater und Mutter, heim ins heilige Russland!« Falls der Leser noch im Zweifel ist, wie ich hier »Kirche« meine, so denke er sich die Peterskirche in Rom und mit ihr sämtliche gotischen Kathedralen in die Luft gesprengt, die Amtskirchen aufgelöst und die Christen zurück in die Katakomben getrieben – so würde doch Wort für Wort bestehen bleiben, was ich hier von der ewigen Kirche gesagt habe.

Es genügen schon kleine Deklinationen in den Flugrichtungen der Atome, um andere Welten zum Entstehen zu bringen – so hatten es Epikur und Lukrez gelehrt. Und sie hatten recht. Weil es seit Golgotha keine dritten Wege mehr gibt, sind Christus und Antichristus, Gottesstaat und Dämonenstaat nur durch ein Pergamentblatt voneinander geschieden. Das Projekt eines Globalimperiums geht auf das Konto des Christentums! Das Christentum war derjenige historische Faktor, der der politischen Theologie ein Ende bereitete. Die frühen Christen waren diejenigen, die zum ersten Mal in der Menschheitsgeschichte sagten: Staat und Religion sind voneinander getrennt. Das Christentum erfand die Universalität einer menschlichen Gemeinschaft, den ersten, einzigen und letzten Globalstaat, den es geben darf und geben wird: das Reich Gottes auf Erden. Jeder andere Globalismus ist zum Scheitern verurteilt, jeder andere Globalstaat kann nur eine Nachäffung dieser einen *Civitas Dei* sein.

Aber eben nur wegen des Christentums gibt es überhaupt erst die Möglichkeit der hässlichen, verzerrenden Nachäffung. Das Christentum hat den Laizismus in die Welt gebracht, und nur aus dem einen Grund: um der Verehrung des wahren und einen Gottes Raum zu geben. Oder, historisch präziser: damit die frühen Christen einen Modus vivendi besaßen, um einerseits treue und gute Untertanen des Kaisers sein zu können und andererseits über ihrem wahren Herrn keine höhere Autorität gelten lassen zu müssen: »Ein Hauptzweck und ein Haupterfolg der christlichen Religion ist es gewesen, eine scharfe Grenze zu ziehen zwischen der Anbetung Gottes und der Ehrfurcht gegen den Staat und seine Leiter. *Das Christentum hat die politische Religion entwurzelt.*«[46]

Jeder Staat, der sich historisch einmal christlich nannte, kann nicht mehr zu weltanschaulicher Neutralität zurückkehren. Ein solcher laisierter Staat *muss*, nachdem er Christus verworfen hat, mit Notwendigkeit einen anderen Staatsgott einführen, denn der Laizismus ist nur wegen der frühen Christenheit in der Welt, die ihren Staat noch nicht zu einer Civitas Dei

[46] Harnack, *Die Mission und Ausbreitung des Christentums in den ersten drei Jahrhunderten*, S. 247.

umgestalten konnte. Hierin gibt es überhaupt keinen Unterschied zur Umma der Muslime. Jeder vormals christliche Staat, der sich als laizistisch bezeichnet, lügt, denn er huldigt uneingestanden lediglich einem von Christus verschiedenen Staatsgott, einem anderen obersten Lebensprinzip.

Es gibt nur die Civitas Dei und die Civitas diaboli. Darum herrscht entweder Christus im gesamten Staatskörper oder aber das Christentum ist ein Staat im Staate. Tertium non datur. Agiert das Christentum in einem antichristlichen Staat nicht als Staat im Staate, so ist es kein wahres Christentum. Die christliche Religion *muss* immer und überall mit dem Bewusstsein ihrer Exklusivität auftreten (oder zumindest müssen die Christen dieses Bewusstsein der Exklusivität im Herzen tragen, denn zum Selbstmord in einem gottlosen Staat ist kein Christ je verpflichtet gewesen). Der Christ darf über seinem wahren Herrn keinen anderen Herrn gelten lassen, weder einen Präsidenten noch einen König noch einen Kanzler oder Kaiser. Die Christen sind das auserwählte Volk, das letzte Geschlecht und das einzige Gottesvolk vor der Wiederkunft des Messias. Es gibt keinen Dialog zwischen Christentum und Judentum. Der Ökumenismus der Konzilskirche ist Schwindel und Selbstbetrug. Den Dialog kann es auch auf jüdischer Seite nicht geben, wenn das Judentum seine Religion ernst nimmt, denn jener Rabbi aus Nazareth hat den Alten Bund zerstört und an die Stelle des jüdischen Gottesvolkes das christliche Gottesvolk gesetzt. Welchen religiösen Dialog könnte das Judentum mit den Anhängern dieses Rabbiners führen, der den Juden dermaßen gründlich ihre Religion verdorben hat? Vom menschlichen Dialog ist hier gar keine Rede. Selbstverständlich achten sich Christ und Jude aus tiefer Menschlichkeit heraus. Aber auf religiöser Schiene haben sie nichts miteinander zu schaffen. Natürlich sind die Juden unsere »älteren Brüder«. Wir können aber gar nicht ihre jüngeren Geschwister sein – zu sehr hat Jesus von Nazareth den Alten Bund des alten auserwählten Volkes zertrampelt. Und ja: Natürlich ist Allah = Gott groß. Und ja: Selbstverständlich darf es über ihm keinen Größeren geben – schließlich ist der Islam nur unter Voraussetzung des Christentums denkbar. Und selbstverständlich ist das Gebet besser als der Schlaf, auch für den Christgläubigen. Und ganz gewiss ist Gott der Herr am Tag des Gerichts, denn er ist es ja auch für den Christgläubigen. Selbstverständlich ist es ein Frevel, den Koran öffentlich zu verbrennen oder auch nur eine einzige Seite aus diesem heiligen Buch herauszureißen. Und ja, schön wäre es nicht, würde ein Muslim so etwas mit einer Bibel tun. Doch mit an Sicherheit grenzender Wahrscheinlichkeit hätte noch jeder Muslim genügend Anstand, es nicht zu tun. Täte er es trotzdem (und ich glaube wirklich nicht, dass ein Muslim sich zu so etwas hergäbe) – ja würde man alle Bibeln auf der Welt auf einmal verbrennen: Es wäre nicht schön, aber es würde die christliche Religion *nicht* ruinieren. Denn das Christentum ist, auch entgegen der Vermutung des Islam, eben *keine* Buchreligion. Das Evangelium ist keine von einem fremden, marcionitischen Gott in die Welt gebrachte Offenbarung, die nichts mit der Welt und dem Menschen zu tun hätte. Die christliche Religion ist die Religion des menschlichen Lebens selbst, des Lebens in Christus. Die Seele des Menschen ist von Natur aus eine Christin (Tertullian!), denn sie geht ja denselben Weg, den auch Gott selbst in seiner Inkarnation gegangen ist. Es wäre für das Christentum viel schädlicher, würde jemand die Werke der Kirchenväter, die Märtyrerakten und Heiligenviten verbrennen und die heilige Kirche von ihrer lebendigen Tradition abschneiden (wie es – Gott sei es geklagt! – in der Konzilskirche geschehen ist). Und eben aus diesem Grunde: weil das Christentum die Religion des Lebens selbst ist, war es auch immer und ist es nach wie vor so leicht, eine Häresie gegen sie zu formulieren, wie etwa in Gestalt des Kommunismus oder heute in Gestalt des Globalismus. Der Kommunismus ist ja am Ende auf eine einfache Formel zu bringen: Er ist das Evangelium ohne Jesus Christus und das Reich Gottes auf Erden ohne Jesus Christus.

Dem Zeitgeist-Christentum erwächst im radikalen Islam gerade seine Antithese und zugleich sein Spiegel. Seine Antithese, weil der Islam unduldsam und keineswegs so dogmatisch weichgespült daherkommt wie das Zeitgeist-Christentum. Und zugleich sein Spiegel, weil auch der Islam die Inkarnation verworfen hat. Und wiederum seine Antithese, weil im Islam Mohammed das Siegel der Propheten ist und es laut Mohammed niemanden mehr geben kann, der sich einbilden darf, selbst bestimmen zu können, worin der Wille Gottes besteht. Der westliche Laizismus sitzt in einer üblen Patsche, aus der er nicht herauskommt, solange er sein »Ich will!« weiterbetet und sich der Autorität der heiligen Mutter Kirche verweigert. Er bekommt bald die Wahl zwischen Kirche und Umma. Mit den mehrheitlich muslimisch geprägten Migranten haben westeuropäische Gleichgültige und Zeitgeist-Christen das Gericht nach Europa gebracht – ein Gericht, vor dem sie sich so fürchten und dessen Realität sie zugleich leugnen. Von daher auch ihre Sprachlosigkeit angesichts der sich häufenden Gewalttaten, die von diesen Migranten begangen werden. Die erste heilige Pflicht der letzten christlich-abendländischen Ritter ist die Profilschärfung! Abgrenzung so weit wie irgend möglich zur rosaroten Amtskirchen-Häresie. Nicht erst um Europa oder das Abendland zu retten, sondern viel unmittelbarer: um der leiblichen Unversehrtheit ihrer Töchter und Söhne willen.

2.3 Zweite Summe: Unsichtbare Gewichte verschieben sich

Die von Helmut Kohl Anfang der Achtzigerjahre eingeforderte »geistig-moralische Wende« in Deutschland hat nicht stattgefunden.

Eine solche Wende, die eine Kraftverschiebung in der unsichtbaren Welt vorausgesetzt hätte, kann weder verordnet noch gemacht, sondern müsste dem Weltgeist abgelauscht werden: Wann, wie und wo gibt es erste Hinweise, dass im Unsichtbaren ein Wechsel der Prioritäten im Gange ist? Um die Verschiebung der unsichtbaren Gewichte wahrzunehmen, braucht man den Finger gewiss nicht in den Lügenäther zu halten. Ebenso wenig hilfreich wird es sein, den Intellektuellen sein Ohr zu leihen. Dem einfachen Mann, der unverbogenen Frau muss man aufs Maul schauen und auf die tätowierte Haut, auf das, was sie am meisten bewegt und von dem sie sich am allerwenigsten selbst Rechenschaft geben können. Auf die leisen Töne wird es ankommen, auf das Vorbegriffliche, beinahe schon im Vegetativen Wurzelnde: Was man zu sehen bekommt, sind nicht die in Wahrheit gestaltenden Kräfte. Das Neue liegt zunächst in der Tiefe, unterhalb der Ebene der Erscheinungen. Sichtbar bleibt am Beginn des Gezeitenwechsels zunächst noch das Alte. Erst allmählich klären sich die Nebel, und das Neue wird erst danach sichtbar.

Was 1979 im Iran geschah, war nach dem Willen des Volkes: die Islamische Revolution des Ayatollah Chomeini und die religiöse Wiedergeburt des Iran. Hierin ist der Iran dem Abendland anderthalb Generationen voraus. Auch das Abendland wird wieder religiös werden. Es fragt sich nur, unter dem Banner welcher Religion. Hat nicht ihr Verhalten unter der Coronapolitik offenbart, dass sich die Menschheit nach Gehorsam, aber auch nach Erlösung sehnt? Der gottlose, linke Neoliberalismus hält den Westen noch unter sich begraben und verhindert bis zur Stunde, dass das wahre Wesen des westlichen Menschen hervortreten kann. Im Islam gilt die positive Gleichheit aller Gläubigen vor Gott, im Liberalismus hingegen die rein negative Gleichheit der Menschen in der homogenen Masse. Das liberalistische Prinzip steht konträr zum Lebensgefühl des abendländischen Menschen. Der Abendländer sucht nämlich nach Ordnung, nach Hierarchie, nach Unterordnung unter eine Autorität innerhalb einer gestaffelten Gesellschaft. Weiß man eigentlich, wie der Liberalismus in Westeuropa und Nordamerika über den abendländischen Menschen Herrschaft gewinnen konnte? Es ist nicht undenkbar, dass sich die exzessive woke-neoliberale Gleichheitsmär in Bälde in die Gleichheit der muslimischen Umma verwandeln wird – das wäre die Unterwerfung des Abendlandes unter das Schwert des Islam.

Andererseits zeigt sich im Westen und innerhalb des falschen Liberalismus eine Entwicklung, die zu gewisser Hoffnung Anlass gibt. Es ist dies der unselige LGBT-Bolschewismus. Innerhalb der egalitären westlichen Massengesellschaften hat man Keim- und Blasenbildungen zugelassen, die sich durch Negation der Negation aus diesen Gesellschaften herauskristallisieren und nach Dominanz streben; Minderheiten, die der Mehrheit ihren Willen aufzwingen. Beweist dies nicht, wenn auch auf verquere Weise, dass das Abendland nach wie vor nach Wertehierarchien strebt und deshalb auch nach gesellschaftlicher Staffelung? Wer den Glauben an die Pseudoreligion des Liberalismus nicht aufgibt, wird sich dem Islam unterwerfen, sobald es ihm Vorteile materieller Art verschafft. Im Islam gibt es nichts, was der Mensch hinzutun könnte, um der göttlichen Gnade teilhaftig zu werden. Dieses Detail ist jedoch kein Zug am Gedankenhorizont der Eliten unserer Tage. Diese wollen ihre Erlösung im Hic et Nunc, und sie wollen sie mit technischen Mitteln selbst herbeiführen, im

Transhumanismus. Schicksalsergebenheit und Resignation behalten diese Pseudoeliten den Massen vor. Solange aber nicht auch die Massen wieder zur Besinnung kommen, wird man jedes Spiel mit ihnen spielen können. Es ist furchtbar, das sagen zu müssen: In der christlichen Ekklesia wäre der Geringste unter ihnen ein Gottesträger und Christusträger an dem Ort, wo ihn das Schicksal gerade hingestellt hat. Aber man hat nicht gewollt.

Nietzsche hatte nicht unrecht, als er das Christentum »eine Religion der Schwäche« nannte. In der Tat bestand die Originalität dieser Religion eben in jener »Ehrfurcht vor Niedrigkeit, Schmerz, Leiden und Tod« und in der »Umbiegung dieser Hemmnisse zu Sieg und Triumph«[47], hatten die frühen Christen doch das Leben des Erlösers und sein Kreuz noch unmittelbar vor Augen. Zugleich war das Christentum aber auch eine Religion der heldenhaften Überwindung und des aufopfernden Eifers für alles Edle: Seine Märtyrer verachteten den Tod, seine nach Heiligkeit strebenden Männer und Frauen übten sich in Selbstbeherrschung, Selbstzucht und Keusch-

[47] Harnack, *Mission und Ausbreitung des Christentums,* S. 187.

heit. Cyprian rühmt am christlichen Glauben die Kraft zur Umgestaltung des ganzen Menschen. Er benutzt die paulinische Metapher vom Ausziehen des alten und Anziehen des neuen Menschen, wo er über den Vorgang seiner eigenen zweiten Geburt, seine Bekehrung zum christlichen Glauben und das Bad seiner Wiedergeburt in der Taufe, schreibt: »Nachdem *[…]* die zweite Geburt mich zu einem neuen Menschen umgestaltet hatte, da gewann plötzlich auf wunderbare Weise das Zweifelhafte festen Bestand, das Verschlossene öffnete sich, die Finsternis hellte sich auf, ausführbar wurde, was vorher schwierig geschienen, und erfüllbar, was für unmöglich gegolten hatte.«[48]

Der christlichen Lehre gelang, was den antiken Philosophen nicht gelungen war, jedenfalls nicht in dieser durchschlagenden Breitenwirkung auch auf die einfachen, unphilosophischen Gemüter, die Handwerker, die Frauen, die Alten und Schwachen. Nichthelden konnten plötzlich zu Helden werden, Schwächlinge zu Selbstüberwindern. Und die Selbstüberwindung mochte noch mehr bedeuten als die Überwindung durch feindliches Feuer oder Schwert. Die

[48] Cyprian, *Ad Donatum*; zit. n. Harnack, *Mission und Ausbreitung des Christentums*, S. 182.

christliche Selbstüberwindung zeigte sich vor allem in der Triebüberwindung, in einer keuschen Lebensweise. Gott ähnlich zu werden bedeutet im frühen Christentum nicht, wie Herkules oder Hektor zu werden, sondern wie der gekreuzigte Herr. Denn die Auferstehung führt nun einmal durch den Tod hindurch, meist nur durch den mystischen, manchmal aber auch durch den realen Tod. Und die Ekklesia setzte jedenfalls für die Hellenenchristen die klassische Polis wieder in Kraft, insofern das christliche Glaubensbekenntnis einen Sittenkodex hervorbrachte, der der altgriechischen Polis Ehre gemacht hätte. Inwieweit das Bewusstsein, Kind eines Vaters im Himmel zu sein, sogar die alte kosmologische Stellung des zum Christentum bekehrten spätantiken Menschen wiederherstellen konnte und wie prägend dies für die frühen Christen war, mag dahingestellt bleiben. Jedenfalls war noch die mittelalterliche Anthropologie unbedingt ein Teil der christlichen Kosmologie, die erst im Verlauf des 14. und 15. Jahrhunderts in eine schwere Krise geriet, als sie immer mehr Elemente in sich aufnehmen musste, die sich schließlich nicht mehr miteinander verbinden ließen (Stichworte: Cusanus, Kopernikus, Columbus!).

Jedenfalls hat die Reformation den Menschen nicht in eine erneuerte Kosmosordnung hineingestellt, sondern in die protestantische Buchstabenwelt der in die Nationalsprachen übersetzten Bibel. Das Wort, gedruckt oder geschrieben, wurde auf protestantischer Seite zum neuen Anker einer im Spätmittelalter kosmisch heimatlos gewordenen Christenheit. Zwar stilisierten die Reformatoren die Kirchengemeinde zum Abbild der Urgemeinde, doch diese Abbildbeziehung fiel einzig unter die Ägide des geschriebenen Wortes der Bibel. Der protestantische, zumal der calvinistische Christ sollte hinter jedem Geschehen die Verwirklichung von Bibeltext erblicken. Die Lutherbibel unterstellte das christliche Leben dem Text, so wie dann die neuzeitliche Naturwissenschaft ab dem 17. Jahrhundert die Natur dem Text, der Formel und der Algebra unterstellen sollte. Aus biblischen Wundern werden schließlich im 19. Jahrhundert technische Wunder. Erfinder und Entdecker sprachen fortan das »Fiat!« des Schöpfergottes nach. Der europäische Mensch steht seitdem nicht mehr demütig im Fluss des Lebens, sondern lenkt Ströme von Stoff und Energie um, speichert sie, bringt sie zu Vernutzung oder Gewinneintrag:

Kapitalismus und Technik bemächtigten sich der Welt und der Natur.

Das Frühe Christentum hat den karitativen Menschen freigesetzt und die Fähigkeit des Menschen zur Selbstüberwindung in die Breite getragen. Der Protestantismus hat die spätmittelalterlichen Jenseits-Angst in produktive Diesseitsbewältigung verwandelt: Statt der Klöster erblühen die Äcker, die Erforschung der Seele weicht der Erforschung der Naturkräfte, und das Seelenkonto weicht dem Geldkonto. Heute sehen wir, wie der Naturzustand, ja wie der Dschungel und das Chaos zurückkehren: im Internet, auf der Haut von Tätowierten, in den Flüchtlingsbooten. Die christliche Caritas, sodann ein von Technik und Finanzmitteln angenehm gemachtes Leben und schließlich die staatliche Ordnung werden bald zu Luxusgütern werden. Die Dienstleistungsgesellschaft wird sich als Schwindel entpuppen, und gute Bildung wird immer rarer werden. In den unteren Rängen wird sich niemand mehr den Nihilismus leisten können, der gegenwärtig noch unter den Eliten grassiert, es sei denn, die westliche Oligarchie bekommt doch noch die ukrainische Schwarzerde und die russischen Bodenschätze unter ihre Kontrolle, um das seit fünfzehn Jahren gedruckte Fiatgeld mit echten Werten decken zu können.

Wird das Christentum noch einmal einen Beitrag zur Bewältigung des Lebens der Menschen leisten? Der Zustand der Amtskirchen ist erbarmungswürdig: Auf katholischer Seite missbraucht der gegenwärtige Pontifex die unheilvolle Überhöhung der päpstlichen Autorität, die sich im letzten Drittel des 19. Jahrhunderts anmaßend über die Wahrheit des Evangeliums und des christlichen Lebens selbst stellte, nun unter einem ganz anderen ideologischen Vorzeichen zur Aushöhlung der tradierten katholischen Glaubenssubstanz. Die protestantische Seite ist in unzählige Einzelmeinungen und Denominationen dissoziiert. Selbst die orthodoxe Kirche bemerkt angesichts des Krieges in der Ukraine, dass den betroffenen Soldaten und Zivilisten nach mehr verlangt als nach Gebetsformeln und Weihwasser. Das *Leben* muss ins Christentum zurückkehren, oder theologischer formuliert: der Heilige Geist muss kommen und das Angesicht der Erde erneuern.

Vielleicht gilt Folgendes: Das 1. Jahrtausend war das Zeitalter des Gottessohnes; das 2. Jahrtausend das des Schöpfervaters; das 3. Jahrtausend wird, so Gott es will und zulässt, das Zeitalter des lebendig machenden Gottesgeistes sein! Seine Anzeichen wären: *Heiligung, Leben, Prophetie*. Prophetie darf hier freilich nicht mit gnostischer *Theoria* verwechselt werden: Die gnostische Schau strebt nach Überwindung der Natur und des Menschen, die Prophetie hingegen spricht in umgekehrte Richtung, aus der Transzendenz in die Welt und das Leben hinein. YouTube & Co. sind Karikaturen dieser wahren Theorie, dieser Gotteswillens-Schau. Es braucht, weil unser Äon dies fordert, eine Entzauberung der falschen *Theoria* und ihre Zurückbiegung auf die Welt und den Menschen. Es gilt, das Leben durch die Tat zu heiligen, das heißt durch die poietische Tat in Handwerk, Technik und Kunst. Die digitale Schau hätte der heiligenden Prophetie zu weichen. Erlösung des Menschen zum heiligen und zum heiligenden Leben, durch Erlösung aus dem digitalen Bann und aus der digitalen Verzauberung – das wäre das Ziel. Noch sind den Poieten die Hände gebunden. Das Evangelium lehrt, dass ein Verzauberter (d.h. ein »Besessener«) erst zur *Poiesis* erlöst werden muss, indem ihm zunächst seine Hände und

Füße gelöst werden. Vielleicht sitzt in den Völkern des Westens, ähnlich wie zur Zeit Luthers, eine angestaute, bislang noch sinnlos gebundene Energie fest, die ihrer Aktivierung harrt. Luther hatte die Jenseits-Angst des ausgehenden Mittelalters genial in die freudige Verrichtung der Berufs- und Standespflichten verwandelt. Hat das Abendland noch eine innere Energie aufgespeichert, die, wenn man sie freisetzen könnte, noch einmal begeisternd wirken könnte und begeistern würde?

KAPITEL 3: VOM MENSCHEN

Der Begriff der Person (lat. *persona*, griech. *prosopon*, Gesicht, Maske) entstammt einerseits dem antiken Mysterien- und Theaterspiel und andererseits der frühkirchlichen Christologie. Die Maske macht den Gott oder Helden anwesend, sie repräsentiert ihn. Die Schauspieler trugen Masken mit Mundöffnungen, damit sie ihre Texte für die Zuschauer verständlich sprechen konnten. Das Verb *personare* ist aus *per-* (durch, hindurch) und *sonare* (tönen, klingen) zusammengesetzt. In Anlehnung an die Leibniz'sche Monadologie könnte man eine Person als das Fenster ihrer Geistmonade definieren, insofern als die Monade durch ihre Person hindurch in sinnlich wahrnehmbarer Weise geistige Inhalte emaniert. Im antiken Mysterienspiel war die Maske alles andere als eine »lügende« Verhüllung. Nach Ansicht des russischen Religionsphilosophen Pavel Florenskij war sie vielmehr sogar eine Art Ikone.[49] Seit der Antike hat sich ein drastischer Bedeutungswandel vollzogen. Die Maske ist fernab des Karnevals und der Kosmetik zumeist nega-

49 Florenskij, *Die Ikonostase*, S. 59.

tiv konnotiert. Ihre negative Bedeutung hatte die Maske (lat. *larva*) bereits bei den Römern erhalten: »Es ist kennzeichnend, daß das Wort *larva* schon bei den Römern die Bedeutung des astralen Leichnams annahm, eines ›leeren‹ – *inanis,* substanzlosen Klischees, das vom Toten zurückbleibt [...]«[50] Ein als Maske daherkommendes Gesicht ist ein Zeichen für den Zerfall der Person. Umgekehrt erstrahlt das Gesicht eines Menschen, der durch Lebenserfahrung, Bewältigung von Schicksalsschlägen oder durch Askese menschliche Höhen erklommen hat, als Antlitz, in dem das Gesicht zum Porträt dieses Menschen selbst wurde, geformt aus lebendiger Materie: »Alles Zufällige *[...]* wird hier durch die göttliche Energie verdrängt, die wie eine Quelle hervorsprudelt, die eine massive Materialschicht durchstoßen hat: das Gesicht ist zum *Antlitz* geworden.«[51] In der Person Jesu Christi ist der in der Zeit geborene Gottessohn das Per-sonum, der Resonanzkörper Gottes; durch ihn leuchtet, als das Mensch gewordene Wort Gottes, Gottesgegenwart hindurch. Das christliche Menschenbild sieht für

[50] Florenskij, *Ikonostase,* S. 59.

[51] Florenskij, *Ikonostase,* S. 58, Hervorh. im Orig.

jeden Menschen die Gottesebenbildlichwerdung vor. Nicht nur der Herr, sondern auch jeder seiner Jünger soll eines Antlitzes teilhaftig werden, das heißt einer auch in seinem Gesicht verwirklichten, individuellen Gottesebenbildlichkeit.

In der Begegnung mit der Samariterin am Jakobsbrunnen (Joh 4,14) spricht Christus: »Wer aber von dem Wasser trinkt, das ich ihm geben werde, wird niemals mehr Durst haben; vielmehr wird das Wasser, das ich ihm geben werde, in ihm zu einer Quelle werden, deren Wasser ins ewige Leben fließt.« Die Ströme lebendigen Wassers sind ein Sinnbild für den Heiligen Geist. Dieser spricht somit aus dem Christen. Die Leibniz'sche Spiegelmetapher ist für diesen Vorgang zu schwach und auch zu immateriell, denn strömendes Wasser bewegt, setzt in Gang, führt Impulsstrom mit sich. Die zerhackten Bewusstseinsintervalle Hausdorffs wären erst recht nicht angemessen, denn lebendiges, geistiges Fluidum würde die zerstückelte Zeit bei seinem Hindurchfließen miteinander verbinden und der Vektor seines Flusses wäre auf die Ewigkeit gerichtet, sodass die unverbundenen Zeit- oder Bewusstseinsintervalle zu Teilen eines stetigen Zeitkontinuums würden.

Eng mit dem Begriff der Person verwandt ist jener des Individuums. Das lateinische Wort *individuum* bedeutet »Unteilbares«. Der Begriff des Individuums hat seit der Renaissance offenkundig eine andere Färbung angenommen, ja die neuzeitliche Entwicklung des Individuums stellt sich der antiken und mittelalterlichen Auffassung geradezu entgegen, denn wir empfinden uns ja ganz und gar nicht mehr als die Realisation oder Repräsentation eines transzendenten Unteilbaren, sondern allenfalls als die Verwirklichung aus einem Immanenten und Teilbaren: der Materie, des Stoffs. Das neuzeitliche Individuum hat gleichsam alles, was das antik-scholastische Individuum an metaphysischem Gehalt besaß, verwandelnd in sich aufgesogen, während es gleichzeitig seine Verbindung zu seinem transzendenten Seinsgrund abgeschnitten hat. Die Leibniz'sche Repräsentations-Metaphysik war vielleicht der letzte Versuch auf abendländischem Boden, das spätantik-scholastische Menschenbild zu retten. Seitdem führte der Weg der abendländischen Menschheit unaufhaltsam in jene Richtung, die im 20. Jahrhundert in Nihilismus, Existenzialismus und nunmehr sogar in eine drohende finale Dekonstruktion des Menschen mündet. Dem Individuum eignet bei Hausdorff lediglich ein scheinbares Sein, da es ja nur eine temporäre Molekülaggregation mit Bewusstsein darstellt. Es gibt bei Hausdorff keine das Individuum zusammenhaltende Kraft, die den stofflichen Leib und das Bewusstsein irgendwie miteinander verbände, und erst recht keine unsterbliche Seele. Es wäre absurd, bei einer Molekülaggregation die Frage nach ihrer Freiheit zu stellen. Allenfalls könnte dem Begriff der Freiheit bei Hausdorff der Sinn gegeben werden, dass das Bewusstsein gewisse Zustände in seinen Bewusstseinsintervallen als Freiheit interpretiert. Doch selbst dieser Schatten von Freiheit ist mit Hausdorffs Bewusstseinsmodell nicht in Einklang zu bringen, denn alles Sein ist bei ihm ja ein Gewesen-Sein, und weil es auf das Vergangene keinen Zugriff mehr geben kann, gibt es auch keine Gestaltungsmöglichkeit und ergo auch keine Freiheit. Die neuzeitliche Einklammerung Gottes führte somit gar nicht zur Freiheit, sondern im Gegenteil in das Gefängnis des Materialismus. Es gibt im Materialismus keine Freiheit; keine Individuen, sondern allenfalls Individualität *ohne* Individuum-Sein; keine Personen, sondern nur »Mücken im Bernstein«. Die Leibniz'sche

Metaphysik war, rückblickend betrachtet, ein letzter großer Versuch, dieser Schlussfolgerung zu entgehen, indem sie das Organische an die Spitze stellte. Beachtenswert ist auch Leibnizens Auffassung, dass die Gegenwart mit der Zukunft schwanger gehe. Das Individuum, die Leibniz'sche Monade, repräsentiert keine zeitliche Momentaufnahme, sondern das ganze Porträt ihrer Person, als ein die Vergangenheit, Gegenwart und Zukunft umfassendes Sein.

Kann eine Ikone einen Heiligen abbilden? Ist gar Rubljews Ikone der drei an Abrahams Gasttisch versammelten Engel ein Abbild der heiligen Dreifaltigkeit? Muss denn jedem Gedachten etwas real Seiendes entsprechen? Wie ist es denn zum Beispiel mit Bildern von Zentauren? Was entspricht diesen (Gedanken-) Bildern in der Realität? Was eine starke Stütze für die Realität einer Sache ist: dass es uns gelingt, durch gedankliche Verarbeitung eines Phänomens Zusammenhänge mit anderen Phänomenen herzustellen. Denn dann stellt sich im Erfolgsfall das Faktum ein, dass sich die Phänomene wechselseitig bestärken. Die Wissenschaft hat dieses Verfahren so weit vorangetrieben, dass darin geradezu ihre Methode besteht: zeitlich-kausale Vorgänger- oder Fol-

Dreifaltigkeitsikone von Andrej Rubljew (um 1410).
Tretjakow-Galerie, Moskau

geerscheinungen zu gegebenen Phänomenen zu finden, die sich dann tatsächlich als real, als zum Weltgeflecht gehörig herausstellen. Man kann hier an paläontologische oder archäologische Interpolationen zu gegebenen Knochenfunden denken, aber auch an quantenphysikalische Elementarteilchen wie das Positron, dessen Existenz Paul Dirac bereits vor dessen experimenteller Entdeckung durch Carl David Anderson vorhersagte. Wenn ein Kind Vater oder Mutter malt, in welchem Sinne ist das Bild dann ein Abbild? Vater oder Mutter sind ja in frühen Kinderzeichnungen oftmals nur »symbolisch« zu erkennen, weil zum Beispiel dem malenden Kind die »richtige« Technik fehlte oder weil kein geeignetes Zeichenmaterial zur Verfügung stand, sodass etwa die Mutter im Bild schwarzes Haar bekommt, während das Haar der leibhaftigen Mutter aber kastanienbraun ist. Papa und Mama erkennen sich in den Zeichnungen ihrer Kinder in den meisten Fällen trotzdem wieder; andernfalls würden schon knappste Andeutungen ihres Kindes für die Wiedererkennbarkeit ausreichen. Woran liegt das? Die Form kann in einer Zeichnung ungenügend sein (Zeichentechnik, Material, Umstände usw.), aber nicht der Inhalt. Im Gegenteil, wir messen der Kinderzeichnung sogar einen höheren Gehalt zu als etwa einer Polaroid-Aufnahme. Das Kind erfasst mehr von der Person und der Substanz von Papa und Mama als irgendeine Polaroid-Aufnahme. Man könnte von einer höheren Gravitation der Kinderzeichnung sprechen. Ursache dieser höheren Gravitation ist, dass ein Mensch, ein beseeltes Lebewesen, von einem anderen beseelten Lebewesen gesehen und gespiegelt wurde. Einer toten, unbeseelten Maschine (Foto- oder Filmkamera) kann dies nicht gelingen.

Nach dieser kursorischen Vorbereitung soll nun der Versuch gemacht werden, die Ikone als Spiegel eines Spiegels aufzufassen: Die heilige Person, die dem Künstler in seiner *Theoria* gegeben ist, spiegelt sich in der Seele des Künstlers, so wie Vater und Mutter in der Seele des (malenden) Kindes. Der Ikonenmaler überträgt das in seiner Seele gespiegelte Bild des Heiligen möglichst redlich und wahrhaftig auf die Leinwand, als eine stoffliche Reproduktion einer ursprünglichen inneren Spiegelung der heiligen Person auf seiner Seelenleinwand. Das Wesentliche bei diesem Vorgang ist die lebendige Spiegelung auf der Seelenleinwand des Ikonenmalers, die die Vorbedingung der Widerspiegelung im Stoff der Leinwand ist. Aber streng genommen spiegelt die Stoffleinwand ja nichts, da sie – gemäß der Leibniz'schen Monadologie – einem anderen Seinsbereich angehört als die lebendige Seelenleinwand. Doch nunmehr tritt die Leibniz'sche psychophysische Entsprechung auf den Plan: Alles Seelische und Geistige hat seine genaue stoffliche Entsprechung und umgekehrt. Bild-Animismus, Bild-Verlebendigung, Bild-Beseelung sind andere Begriffe für den uns eingeborenen Trieb, ein stoffliches Bild zu beseelen, dem stofflichen Bild unbewusst ein Bild auf unserer Seelenleinwand zuzuordnen, so wie der Ikonenmaler umgekehrt innerlich dazu gedrängt wird, einem Bild auf seiner Seelenleinwand eine stoffliche Entsprechung, eine Erscheinung zu geben. Für lebendige Wesen haben nur lebendige Dinge eine Bedeutung, und entsprechend gehen uns die toten Dinge nur insoweit etwas an, als diese entweder die Opposition zu dem Bereich des Lebendigen bezeichnen oder aber insofern es unserem *Élan vital* gelingt, das tote Ding zu verlebendigen.

Die Widerspiegelung des Seelenbildes im stofflichen Bild wird die Substanz des Seelenbildes nicht abnutzen, weil bei diesem Vorgang ein Wechsel der Seinsbereiche erfolgt. Eine Abnutzung sollte nur dann real sein, wenn die Seele selbst rein materiell und es deshalb statthaft wäre, eine strikt materialistische Wahrnehmungstheorie nach dem Muster Epikurs zu konstruieren. Nun hat es den Anschein, dass im Zeitalter des Bilddigitalen tatsächlich ein Gravitationsverlust des Menschen stattfindet. Das ständige Zum-Bild-Werden scheint am Menschen nicht spurlos vorüberzugehen. Die Seele scheint von einer pneumatischen Hülle umgeben zu sein, die durch die unaufhörliche »seelenlose« technische Bildwerdung der Person in Bild und Film angekratzt, gelockert, zerrüttet und geschädigt wird, sodass sich die subtile Verbindung von Seele und Leib allmählich auflöst und die Seele selbst immer stärker unter den Einfluss unkontrollierbarer spiritueller Kräfte gerät. Der Leib der Person selbst verliert an Schwere. Seine physikalisch messbare Schwere bleibt natürlich erhalten, doch infolge der »Gewebeauflösung« des Pneumas wird die körperliche Schwere nicht mehr richtig auf die Seele übertragen. So kommt es zu einem Auftrieb der Seele, doch dieser ist führerlos, dem Seelenwagen fehlt sein platonischer Wagenlenker. Es fehlen die asketischen Vorübungen und es fehlt die Willenszustimmung. Mensch sein heißt, Leib und Seele in die rechte Verbindung zu bringen. Poseidonios hatte gelehrt, dass die menschliche Seele im Traum ihren Körper verlässt und mit anderen körperlosen Seelen in Kontakt tritt. In der Leibniz'schen Monadologie ist ein gänzlich unstoffliches Dasein der Monaden (der Seelen) unmöglich, weshalb selbst nach dem scheinbaren Tod eines Lebewesens dessen Monade noch von einer, wenn auch unmerklichen Stoffhülle umgeben bleibt. In Hausdorffs unmenschlichem, aber auf der Basis von Materialismus und Nihilismus ganz folgerichtigem Bewusstseinsmodell fallen Bewusstsein und günstige Molekülaggregation zusammen; das Leib-Seele-Problem erscheint als im Sinne des Darwinismus gelöst – um den Preis des Verlustes jeglicher Ethik und Anthropologie.

Die so kühl erdichtete Hausdorff'sche Bewusstseinstheorie scheint erst nachträglich, heute, hundert Jahre nach ihrer Entstehung, ihren realen Anwendungsbereich zu finden, und zwar am digitalen Menschen. Denn im Digitalzeitalter schreitet eine technische Bildwerdung des Menschen voran, die, wenn die Gegenstände des Bewusstseins auf digitalbildliche und digitalakustische Wahrnehmungen reduziert würden, treffend im Hausdorff'schen Schema beschrieben werden kann. Die von Hausdorff postulierte Möglichkeit der Ewigen Wiederkehr ist offenkundig bei YouTube und den anderen digitalen Plattformen gegeben. Die praktisch unendliche Wiederholbarkeit, nämlich Abspielbarkeit, von digitalen Filmaufnahmen; sodann das für den digitalen Konsumenten transzendent bleibende Subjekt der Aufnahme (der Hausdorff'sche transzendente Weltbeobachter); schließlich das Fehlen von zeitübergreifender Kohärenz beim Aufrufen und Abspielen: alles das sind Elemente, die bereits in Hausdorffs Theorie enthalten waren. Hausdorff hatte in *Tod und Wiederkunft* die Frage gestellt, ob das transzendente Weltsubstrat gesehen oder gezeichnet an Realität einbüßen würde. Hausdorff verneinte dies: Die Bewusstseinsinhalte würden durch ihren wiederholten zeitlichen Ablauf im Bewusstsein einer Monade nicht erschöpft, nicht aufgezehrt, sie sind praktisch unendlich wiederholbar. Doch ist dies auch in der digitalen Analogie der Fall? Verliert ein Mensch, der unaufhörlich zum Bild gemacht wird, wirklich nichts an Realität, an Substanz, an Mensch-Sein? Ganz anders bei der Kinderzeichnung, die einen Seins-Überschuss enthält, von dem Vater und Mutter beim Betrachten profitieren können. Nicht umsonst findet man sehr oft auf den Schreibtischen von Vätern und Müttern eingerahmte Zeichnungen, die von ihren Kindern angefertigt wurden. Die Kinderzeichnung enthüllt etwas von der Person von Vater und Mutter, das diese selbst gar nicht sehen konnten. Die Kinderzeichnung zerrüttet nicht die Pneumahülle der gezeichneten Person, sondern festigt sie im Gegenteil sogar noch, weil das Kind Weltbezüge von Papa und Mama entdeckt und enthüllt, die die Seele von Papa oder Mama noch fester an die Welt binden, statt ihre Seele vom Weltgewebe zu lockern.

3.2 *Wiederkehrende Ornamente*

In der Bibel und im altbabylonischen Gilgamesch-Epos ist der Urzustand des Menschen als paradiesisch angenommen. Der Mensch inmitten seiner paradiesischen Unschuld, im Einklang mit der Natur und sich selbst: das ist ein gängiger Topos der Kulturgeschichte seit ihren verschriftlichten Anfängen. Das Gilgamesch-Epos erzählt von der Freundschaft zwischen Gilgamesch, dem jungen König von Uruk, und dem aus der wilden Steppe kommenden Naturmenschen Enkidu. Enkidu ist zunächst ein wildes, nur menschenähnliches Wesen, das mit den Gazellen in der Steppe lebt, sich wie diese von Gras ernährt und mit ihnen aus der Wasserstelle trinkt. Die Tempeldirne Samchat aus der Priesterschaft der Istar erhält nun von den Göttern den Auftrag, Enkidu zu verführen. Enkidu schläft sieben Tage und Nächte mit ihr. Während der sexuellen Vereinigung haucht Samchat Enkidu Verstand ein und bringt ihm die Sprache der Menschen bei. Die Tiere, mit denen er zuvor friedlich zusammengelebt hatte, fliehen nun vor dem zivilisierten Enkidu. In Uruk schließt Enkidu sodann mit König Gilgamesch Freundschaft, wodurch seine Menschwerdung vollendet wird, indem Enkidu sich zur Erkenntnis des Ethischen als fundamentalem Bestandteil des Menschseins emporschwingt. Die Menschwerdung Enkidus vollzieht sich als sukzessives Abstreifen des Naturhaften, und an die Stelle des Naturhaften tritt seine Neueinkleidung mit Sprache, Sitte und Kultur. Die Stadt – personifiziert in der Tempeldienerin Samchat –

bringt jedoch nicht nur Kultur und Zivilisation über Enkidu, sondern sie führt auch den vormals primitiven Naturmenschen in eine Krisis: Der sexuelle Akt erscheint im Epos nicht als Naturvorgang, sondern als ein entscheidender Schritt hin zu ethischer Erkenntnis, die den Menschen vom Tier unterscheidet. Enkidus vormals naturhafte Indifferenz spaltet sich in Gut und Böse. Der Mensch erkennt, dass ihm Schuld und Verdienst zugeschrieben werden können. Derselbe Topos wird ja auch vom Schöpfungsbericht der Genesis aufgegriffen, wo der Genuss der verbotenen Frucht mit dem sexuellen Akt gleichgesetzt wird: Indem Adam und Eva diese Frucht genießen, erkennen sie einander. Der Gewinn dieser Erkenntnis lässt den Menschen jedoch nicht sich seines Naturhaften tiefer bewusst werden, wie esoterische Selbsthilfeliteratur unserer Tage es manchmal nahelegen will. Vielmehr erkennt der Mensch gerade im Vollzug des geschlechtlichen Aktes seinen Unterschied zum Tier. Das Beglückende im Vollzug der Liebe ist eben nicht die Möglichkeit, in ihm in die animalische Naturhaftigkeit zurückzukehren – und selbst wenn doch, wäre dies ein nur recht oberflächlicher, der kurzfristigen Entspannung dienender Liebesvollzug. Sondern das Beglückende ist, dass im Liebesakt der Weg zurück zum ursprünglichen Einssein gegeben ist – zugleich aber auch ein Weg in das Schuldig-werden-Können, durch Verrat am Geliebten und mithin durch Verrat an der eins machenden Liebe – und somit durch Verrat an Gott selbst.

Dem Topos der Entstehung von Zivilisation durch Naturentfremdung, der uns in schon Legion gewordenen Ausgestaltungen begegnet, stellte der Kunsthistoriker Wilhelm Worringer zu Beginn des 20. Jahrhunderts seine Dissertationsthese entgegen, dass der primitive Mensch gerade *nicht* in einem paradiesischen Friedenszustand lebt und in einem ursprünglichen Vertrauensverhältnis zur Welt steht, sondern dass er ganz im Gegenteil in höchster Entfremdung von seiner Umwelt existiert, die deshalb für den Naturmenschen eher den Charakter des Chaos denn des Kosmos trägt. Die naturnahen Völker leben nicht in einer Rousseau'schen Naturidylle, sondern eher in einer Golding'schen Naturhölle. Dem primitiven Menschen sind seine geistigen Kräfte durch die Abwehr von allerlei ihm feindlich gesonnenen Mächten und Kräften gebunden, derer er sich durch Beschwörung und andere Praktiken erwehren muss. Am Anfang steht kein Paradies, auf das dann die zivilisatorische Entfremdung folgt. Vielmehr stehen am Anfang das Chaos und das Gefühl der Weltfremdheit; nicht die Harmonie von Mensch und Welt, sondern ein schroffer Dualismus von Mensch und Welt. Und diese Urangst vor dem Urchaos erweckt im primitiven Menschen ein Bedürfnis nach Notwendigkeitswerten, nach Haltepunkten inmitten eines chaotischen Flimmerns der Erscheinungen: »Die unübersehbare Relativität der Erscheinungswelt muss er also in unwandelbare absolute Werte umzuprägen suchen. Aus diesem Bedürfnis heraus entstehen Sprache und Kunst, entsteht vor allem auch die Religiosität des primitiven Menschen.«[52]

Wer hat recht: Die Bibel und das Gilgamesch-Epos oder der Kunsthistoriker Worringer? Ist das anfängliche Paradies eine falsche Projektion, oder ist die Auffassung eines anfänglichen Chaos, in das der primitive Mensch hineingestellt ist, falsch? Wie dem auch sei, jedenfalls sieht sich der Mensch von Anbeginn an in eine Situation hineingestellt, die aus dem Gegensatz von Tierheit und Geistigkeit aufge-

52 Worringer, *Formprobleme der Gotik*, S. 15.

spannt wird. Im materialistischen Weltbild, das Europa seit der zweiten Hälfte des 19. Jahrhunderts beherrscht, wird die Herkunft des Menschen aus dem Chaos auch vom Darwinismus gefordert. Im Idealismus dagegen wurden Welt und Kosmos eher als ein statisches Sein aufgefasst; im Idealismus war die Ordnung der Welt wesentlich, weshalb auch die Stellung des Menschen in der Welt von Beständigkeit, Kontinuität und Sinnhaftigkeit gekennzeichnet war. Diese Sinnhaftigkeit schloss freilich nicht aus, dass sich der Mensch trotzdem einer ihm feindlichen Umwelt ausgeliefert sah, und sie hinderte auch nicht die Hypothese, dass verschiedene Umwelten zu unterschiedlichen Menschenschlägen, Ethnien und Völkern geführt haben. Der nordeuropäische Mensch sah sich ja gewiss anderen Lebensumständen ausgesetzt als der mediterrane, und dieser wiederum anderen als die Menschen Arabiens oder Nordafrikas. Dass die nordische Kunst bis hinein in die Zeit der Gotik ornamental war, ist jedenfalls ein kunstgeschichtliches Faktum. Worringer betrachtet diesen nordischen ornamentalen Stil als Ausfluss eines »geheimen Beschwörungsdienstes« einer noch primitiven nordischen Menschheit:

> Bei jedem Schritt klammert er sich gleichsam an religiöse Schutzmaßregeln fest, sucht sich und alles, was ihm lieb und wertvoll ist, durch geheime Beschwörung taub zu machen, um es auf diese Weise der Willkür der göttlichen Mächte – denn so personifiziert er das unzuverlässige, jedes Ruhe- und Sicherheitsgefühl ihm vorenthaltende Chaos der Gesichtseindrücke – zu entreißen.[53]

Die organische Welt war dem primitiven Menschen noch zu verworren, als dass er sich ihr bedenkenlos hätte hingeben, sich in sie naturromantisch hätte einfühlen können. Der nordische Mensch fand in den regelmäßigen geometrischen Ornamenten »erlösende« Ruhepunkte im Dasein. Diese Ornamente, so Worringer, dienten gleichsam als Formeln und Schablonen, die es dem nordeuropäischen Menschen der Frühzeit erlaubten, die Erscheinungen zu entwirren, die Phänomene in eine Ordnung zu bringen; jedenfalls aber waren diese Ornamente geeignet, das Chaos zu bändigen und das Wirrwarr der Phänomene unter eine *Regel* zu stellen. Die ornamentalen

[53] Worringer, *Formprobleme der Gotik*, S. 15.

Symbole dienten, so Worringer, einerseits der »Beschwichtigung starker seelischer Notzustände«, und andererseits gaben die Schlangenlinien, Quadrate, Kreise und deren Kombinationen im Ornament eine Beschwörungskraft an die Hand, die diesen klaren und regelhaften Liniensymbolen innewohnte. Alles, was diesem Menschen lieb und teuer war, bedeckte er mit diesen beschwörenden Zeichen; »ja in erster Linie sich selbst sucht[e] er durch ornamentale Tätowierung tabu zu machen«.[54] Letzteres ist freilich ein springender Punkt, denn es ist doch nicht selbstverständlich, ein Ornament auf menschlicher Haut anzubringen. Weshalb sollte der einfache Mensch eine Formel, ein Symbol, das ihm vielleicht zur Wirklichkeitsbewältigung dienen mochte, auf seine eigene Haut setzen? Lässt sich denn etwa ein Atomphysiker ein Grundgesetz der Quantenmechanik auftätowieren? Wie kann eine Formel der Daseinsbewältigung den Tätowierten selbst tabu setzen, ihn für die Mächte des Chaos unsichtbar oder unangreifbar machen? Die Fixierung der einzelnen Gegenstände und Eindrücke der Außenwelt durch Symbole

[54] Worringer, *Formprobleme der Gotik*, S. 16.

(hier, beim nordischen Menschen, insbesondere durch Ornamente) leistete, so Worringer, was in entsprechender Weise auch durch die Kulturtechnik Sprache vollzogen wurde. Die Entwicklung der »nordischen« abstrakten Liniensprache lief Worringer zufolge der gesprochenen Sprache parallel: Der Mensch schuf sich »anschauliche Gegenbilder zu den Vorstellungsbildern seines Geistes, die er in seinen Sprachformeln niedergelegt hat und die ja auch langsam geformte Reduktionen [...] sinnlicher Wahrnehmung sind«.[55] Die künstlerische Reduktion der Außenwelt ging also parallel zu ihrer sprachlichen Reduktion, wo den Dingen durch Benennung ein Sein gegeben wird, indem die Dinge gleichsam aus dem Ozean der sinnlichen Welt herausgegriffen und im Wort festgehalten werden. Dass diese Symbole und Ornamente eine Sprachfunktion besitzen oder einer solchen Funktion entsprechen, ist sehr wohl glaubhaft. Man könnte das Ornament auf eine epistemologische Ebene mit dem Reim oder mit der musikalischen Melodie stellen, ein Einzelornament auch mit dem Epigramm. Wörter sind ebenfalls Zeichen, die

[55] Worringer, *Formprobleme der Gotik*, S. 17.

auf etwas verweisen, und dienen in diesem Sinne also auch als Symbole.

Andererseits sind bei primitiven Völkern Masken, Verkleidungen und Körperbemalungen in Gebrauch, deren Funktionen sich von denen des Symbols deutlich unterscheiden. Insofern weist das nordische Ornament den keltogermanischen Menschen als ein besonderes *animal symbolicum* aus, als ein Wesen, dessen besondere Begabung darin besteht, Dinge und Sachverhalte mittels Platzhaltern, das heißt mittels Symbolen, zu re-präsentieren. Dies ist eine Eignung zur Abstraktion, ja zur Transzendenz, die anderen primitiven Völkerschaften nicht notwendigerweise im selben Maße eignete. Naheliegender und unmittelbarer als die Repräsentation ist ja doch das schlichte Sein, wie etwa beim Zusammenfallen von Dargestelltem und Darstellendem: Jedes kindliche Rollenspiel bestätigt dies. Wenn Kinder Sheriff, Indianer oder Prinzessin spielen, dann *sind* sie in diesem Augenblick ein Sheriff, ein Indianer oder eine Prinzessin. Bereits in Höhlenzeichnungen erscheint der Mensch in Tiermaske oder Tierfell, etwa in der südfranzösischen Drei-Brüder-Höhle, wo eine menschliche Figur mit Hörnern inmitten einer Herde von

Höhlenzeichnung aus der Grotte des Trois-Fréres,
Region Okzitanien (Südfrankreich)

Urrindern steht und in eine Flöte bläst. Einige Tiere haben ihren Kopf in Richtung des als Tier verkleideten, doch aufrecht unter ihnen stehenden Menschen gerichtet, so als ob er sie beeinflussen könnte.

In primitiven Kulturen wird ein Anführer oder Häuptling nicht selten nach einem Tier benannt und, wenn er im Initiationsritus in Tierverkleidung erscheint, sogar real als Tier erlebt. »Er verkörpert oder vertritt in diesem Augenblick den Ahnherrn des Stammes und der Sippe und damit den Urgott selber.«[56] Im Laufe der Zeit weicht die volle Tierverkleidung meist der Tiermaske (oder einer Dämonenmaske), doch »in *Bezug* auf den symbolischen Hintergrund unterscheidet sich die Maske nicht von der Tierverkleidung. Hinter ihr versinkt die menschliche Natur mit ihrem *[…]* individuellen Ausdruck. Dafür erhält ihr Träger die Würde, die Schönheit, aber auch den schreckenerregenden Ausdruck des [Tier-] Dämons.«[57] Der als Tier verkleidete oder maskierte Häuptling nimmt bei den Jungen im Initiationsritus die Beschneidung vor. Im Verlau-

[56] Jaffé, *Bildende Kunst als Symbol*, S. 235.

[57] Jaffé, *Bildende Kunst als Symbol*, S. 236.

fe des Rituals opfern so die Jungen symbolisch das Tier- oder Triebhafte ihres Seins, zugleich aber erhält jeder Junge seine Tier- oder Totemseele und »er wird Mann und in einem noch weiteren Sinn Mensch«[58]. Im unbeschnittenen Knaben sind das Tier- und das Menschhafte, das Instinktive und das Bewusste noch nicht voneinander geschieden. Die Versinnlichung des Triebhaft-Tierischen im verkleideten Häuptling ermöglicht es dem Initianden, eine Beziehung zu seinen eigenen gefährlichen Triebkräften herzustellen. Das Anschauliche der Tiermaske dient, psychoanalytisch gesprochen, der Objektivierung einer im Subjekt wirksamen Triebkraft. Dadurch wird dem Initianden eine Distanzierung zu dem triebhaften, sonst unbewussten triebhaft-animalischen Anteil seiner Natur und seines Menschseins ermöglicht. Die Tierverkleidung stellt in ihrer naturalen Konkretheit den förmlichen Gegenpol zur abstrahierenden nordischen Ornamentik dar. Offenkundig haben Tierverkleidung und Tiermaske nicht die Funktion, ein vorbegriffliches Netz über eine flimmernde Erscheinungswelt zu werfen. Die Tiermaske be-

[58] Jaffé, *Bildende Kunst als Symbol*, S. 236.

zeichnet nichts, sie symbolisiert nichts – sie *ist*! Das heißt, in der Initiation der Jungen *ist* der Häuptling nicht mehr Mensch, sondern Tier (meist Löwe oder Leopard). Das Ornament hingegen repräsentiert, es vertritt, es fungiert als Platzhalter wie die Variablen in einer naturwissenschaftlichen Formel. Aber in der Tierverkleidung wirkt keine Repräsentation, keine Platzhalterschaft, sondern eine direkte Anverwandlung zum Tier. Die ornamentale Tätowierung hingegen verwandelt die menschliche Haut in ein Trägermedium für Symbole. Oder, noch weiter gehend: Der tätowierte Körper ist nicht nur das Trägermedium der Tätowierung, sondern er ist sogar ihre Substanz geworden, so wie die Leinwand als Trägermedium eines Gemäldes dient, die stofflichen Farben aber die Substanz des Gemäldes selbst sind. Und indem sich der Tätowierte zum Symbol macht, rückt er sein Sein, und zwar auch sein körperliches Sein, näher an die Transzendenz heran.

Das Tierfell oder die Tiermaske drücken den Häuptling fester in die Immanenz. Sicherlich gibt es in dem großen Seinsraum zwischen Immanenz und Transzendenz Zwischenstufen und graduelle Unterschiede. Ein Beispiel für eine ornamental-stilisierende Bemalung

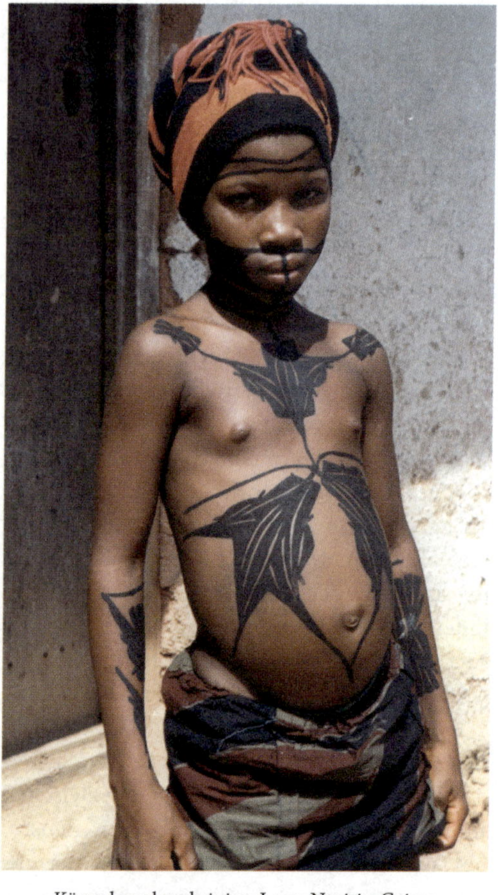

Körperbemalung bei einer Loma-Novizin, Guinea

im Rahmen einer weiblichen Initiation ist die Körperbemalung junger Frauen beim westafrikanischen Stamm der Loma in Guinea. Während der Übergangsriten leben die Loma-Mädchen in separaten Buschlagern außerhalb ihrer Siedlungen. Wenige Tage vor ihrer Rückkehr werden sie auf ihrer Brust, ihrem Bauch und zum Teil auch auf ihrem Gesicht bemalt; diese Körperbemalung ist ausschließliche Aufgabe von Frauen. Wenn die Farben nach den Übergangsfeierlichkeiten verblasst sind, gelten die Mädchen als erwachsene und heiratsfähige Frauen. Charakteristisch sind klare Linien und Flächen, wenngleich die Motive nicht bis zu den geometrisierenden Gebilden der keltogermainschen Völker zu abstrahieren scheinen.[59] Die Motive auf den Körpern der Loma-Mädchen erinnern häufig an stilisierte Pflanzen – es kann also, ganz im Sinne Worringers, nicht von einer einfachen Naturnachahmung die Rede sein, wogegen allein schon die Dominanz der klaren Linie in diesen Körperbemalungen spricht. Beim Volk der Lobi in Burkina Faso wiederum werden den Mädchen bei der Initi-

[59] Siehe z.B. das nebenstehende Foto einer Loma-Novizin aus Gröning, *Geschmückte Haut. Eine Kulturgeschichte der Körperkunst,* Seite 169.

Junge mit Körperbemalung aus dem Stamm der Karo
(Omo-Fluss, Äthiopien)

ationsfeier mit weißer Farbe skelettartige Muster auf die Körpervorderseite aufgemalt.[60] Das Skelettmotiv ist offenkundig transzendenten Inhalts. Es stellt eine Beziehung zu den Ahnen her. Durch diese Bemalungen der jungen Lobi-Frauen soll angedeutet werden, dass ihre Ahnen in der erhofften Fruchtbarkeit ihres jungen weiblichen Körpers ein Fortleben erfahren werden. Eine Vorstufe zu einer solchen transzendierenden Art der Körperbemalung stellt die Bemalung von Jungen aus dem Stamme der Karo dar: Hier zeichnet das weiße Muster die Tektonik des menschlichen, in Sonderheit des männlichen Körpers nach. Diese Bemalung ist eine Zwischenstufe zwischen naturalistischer und transzendierender Darstellungsweise, denn sie geht noch ganz aus von der Phänomenologie der menschlichen Muskulatur und des menschlichen Knochenbaues.

Wenn Adolf Loos in seinem Aufsatz »Ornament und Verbrechen« aus dem Jahre 1908 feststellen zu müssen meinte, dass das Ornament keinen organischen Zusammenhang mehr mit unserer Kultur, mit uns selbst, mit

[60] Gröning, *Geschmückte Haut*, S. 117.

unserer modernen Weltordnung habe,[61] so ist dieser Auffassung nur bedingt zuzustimmen. In der modernen Architektur ist das Ornament in der Tat zum Fremdkörper geworden und auch als Element der bildenden Kunst ist es kaum noch vorstellbar. Umso kräftiger wirksam ist das Ornament jedoch in Naturwissenschaft und Technik, nämlich in seiner verallgemeinerten Gestalt, als Symbol, in der mathematischen und geometrischen Formelsprache. Worringer behauptete sogar sehr weitreichend, dass der geometrisch-ornamentale Stil, die abstrakte Formensprache der keltogermanischen Vorgotik im Verlauf der Renaissance von der neuen, neuzeitlichen Wissenschaft absorbiert wurde und sich schließlich zur abstrakten Formel- und Symbolsprache der Algebra, der Geometrie und der Naturwissenschaften weiterentwickelte. Die abstrakte Symbolik zimmerte im keltogermanischen Ornament die transzendentale Weltordnung der nordischen Völker, und sie zimmert gleichsam bis auf den heutigen Tag die transzendentale naturwissenschaftlich-mathematische Weltordnung der

[61] Loos, *Ornament und Verbrechen*, S. 283.

europäischen Menschheit. Ebendiese naturwissenschaftliche Weltordnung ist nun aber gegenwärtig auf dem Rückzug, die Moderne löst sich allenthalben vor unseren Augen auf, um einem diffuseren, magisch angehauchten Weltbild Platz zu machen. Kann es sein, dass die keltogermanische Ornamentik in den Tätowierungen auch deshalb wiederkehrt, weil der Mensch der Postmoderne Haltepunkte im neuerlichen Wirrwarr der Erscheinungen sucht? Falls dem so ist, wäre auch eine bisher gültige Kosmosordnung im Schwinden, ja im Zerfallen begriffen. Die Lust an der Tätowierung wäre ein Indiz für die Neubesinnung auf die Transzendenz. Die Rückkehr des Vorchristlich-Ornamentalen in der Art ja schon als Volkskultur zu bezeichnenden Tätowierkunst kann als ein Wiederaufleben magisch-gnostischer Tendenzen verstanden werden, jetzt aber nicht mehr in Form eines Intellektuellenprojekts, sondern als eine Bewegung des kollektiven Unbewussten. Kurzum, es spricht einiges dafür, dass der »ornamentale Körperkult« der Jetztzeit ein sinngemäßer Begleiter der gnostisch verflachenden Naturwissenschaften ist. Der Zeiger des abendländischen Geistes wäre gleichsam auf den Stand der ersten Jahrhunderte unserer Zeitrechnung zurückgestellt.

Es lässt sich ja gar nicht bestreiten, dass der gegenwärtige Tätowierungsboom vielfältige Ursachen hat. Da ist zum einen das Bedürfnis von Adoleszierenden, zu provozieren, Mitmenschen vor den Kopf zu stoßen. Da ist fernerhin der Wunsch nach Individuation in einer vermassten Gesellschaft. Da gibt es außerdem das Bedürfnis, sich zu schmücken, sich zum Liebespartner oder zum Ehegatten zu bekennen, eine bestimmte allgemeine Gruppenzugehörigkeit zum Ausdruck zu bringen oder ein womöglich einschneidendes Lebensereignis zu illustrieren. Das Motiv der Initiation, des Übergangs in einen neuen Lebensabschnitt, wurde schon besprochen. Die religiöse Initiation, die den Zugang des Initianden zu einem heiligen Kult bewirkt, mag ebenfalls als Motiv eine Rolle spielen, und schließlich kann das Tattoo auch als Talisman dienen. In den meisten Fällen könnten alle diese Funktionen des Tattoos jedoch auch durch Schmuck, Kosmetik oder Kleidung erreicht werden, sodass man nicht gleich Hand an den eigenen Körper legen müsste. Warum muss es auf bzw. in der Haut und warum kann oder soll es sogar schmerzhaft sein? Ein Motiv ist vielleicht: damit der neue Lebensabschnitt »einschneidend« beginne. Aber sonst? Der Körper wird, bewusst oder unbewusst, zum Träger von Symbolen gemacht, die mit dem Körper selbst verschmelzen, sodass dieser selbst zum Symbol wird. Der die westliche Zivilisation immer noch beherrschende offizielle Materialismus zwingt Menschen, ihren eigenen Körper, der laut offizieller Lesart doch nur eine Ansammlung von Molekülen sein soll, zu animieren, zu beleben. Doch gerade indem der Körper zum Symbol gemacht wird, wird er auch unwirklich gemacht. Jedes Symbol, insbesondere das religiöse oder spirituelle, speist seine Existenz nämlich nur zu einem unerheblichen Teil aus seiner Substanzialität, aus seiner Stofflichkeit. Viel bedeutsamer ist sein Vektor ins Transzendente, ins Übersinnliche oder doch zumindest (siehe die Initiationsriten) hin auf eine andere Ebene der Wirklichkeit. Selbstverständlich aber wird der Leib des tätowierten Menschen in diesen Sog in Richtung auf die Transzendenz mitgezogen, weil er ja selbst zu einem Bestandteil und nicht nur zum Träger von Symbolen gemacht wurde.

Bei Nietzsche war der Mensch – infolge seiner Naturgeschichtlichkeit – das schlechthin (noch) unfertige, das gleichsam (noch) beständig hin und her pendelnde Wesen. Der Existenzialismus ergänzte dann: Der Mensch ist nicht nur hin und her schwankend und somit frei, er ist sogar zur Freiheit verurteilt. Denn der Mensch sei unablässig vor eine Wahl gestellt. Wenn dann Sartre auch noch behauptet: Der Mensch sei nichts anderes als das, wozu er sich macht, so ist dem zwar nicht gleich zu widersprechen. Doch daraus folgt mitnichten die Nichtigkeit alles Ojektiven. Es kommt jetzt – kleine Deklinationen reichen ja auch beim Philosophieren zuweilen hin, um eine ganz andere Welt entstehen zu lassen! – alles darauf an, ob der Mensch sich zu allem Möglichen machen kann, oder ob es – so festgelegt durch ein Gottes- oder Naturgesetz – objektive Bestimmungen für einen Menschen gibt.

Tätowierte Menschen sind Symbol, sie haben ihren Leib zum Symbol gemacht, aber darum sind sie noch keine Personen im ursprünglichen Wortsinn. Zur Existenz, also zur Menschwerdung in einem bedeutsamen Sinne dieses Wortes, müssen die Menschen, die sich selbst zum Symbol gemacht haben, erst wieder gelangen. Hier gilt also: Essenz vor Existenz. Existenz wiederzugewinnen würde bedeuten, dem Symbol Leben und Gestalt zu geben, was doch sicher eine Lebensaufgabe wäre. Aber in derselben Lage wie der Tätowierte ist jeder getaufte Christ: Essenz vor Existenz! Weil nämlich die Taufe zwar nicht der Haut, so doch, und zwar noch viel unauslöschlicher, seiner Seele dem Täufling ein Siegel aufprägt, sodass er als Christ nicht mehr einfach ein Teil der Natur oder ein nützliches Glied der Gesellschaft sein kann. Denn der Getaufte gehört jetzt wesentlich einem anderen Seinsbereich an, und das ist die Gemeinschaft der Gottesfreunde, die Gemeinschaft der Heiligen; die Taufe hat ihn zu einem Herausgerufenen und zu einem Mitglied der Ekklesia gemacht. Zu einem rechtschaffenen Bürger dieser Welt muss der getaufte Christ erst noch (wieder) werden. Und zum einfachen nur Natur-Sein ist ihm durch sein Taufgelübde der Weg dorthin sogar bis in alle Ewigkeit versperrt. Es sitzen demnach Tätowierter und Getaufter, so verrückt es sich auch anhört, im selben Boot: Beide sind Reisende, beide sind Pilger, beide halten sich in einem existenziellen Zwischenreich auf. Der tätowierte Mensch, der sich zum Symbol macht, schwebt freilich, wenn er seinen existenziellen Nullzustand nicht in angemessener Frist beendet, in großer Gefahr, zum Magneten für dämonische Kräfte zu werden. Nicht umsonst schreit ein Dämon im Markusevangelium (1,24) beim Nahen von Jesus Christus: »Was haben wir mit dir zu schaffen, Jesus von Nazareth? Bist du etwa gekommen, um uns zu verderben? Ich weiß genau, wer du bist: der Heilige Gottes.« Aber der Dämon kommt ja nur deshalb aus seiner Deckung heraus, weil er es mit der anderen Seite derselben Medaille zu tun bekommt. Ohne die Präsenz Christi wäre er unbemerkt im Verborgenen geblieben. Auch wenn es wie reiner Wahnsinn klingt: Christus und Dämon sitzen im selben ontologischen Boot, sie sind die beiden Seiten derselben Medaille. Mit Christus kommt das Schwert, das Gericht, der Riss, die Unterscheidung von Gut und Böse. Das bis dahin Indifferente verliert seine Neutralität.

Ich weiß nicht, ob ich gemeinsam mit dem jüdischen Hausvater den Pessach-Abend feiern darf, aber dieses weiß ich: dass wir keinesfalls gemeinsam die heilige Eucharistie feiern dürften. Das ist kein Zeichen von mangelndem, sondern, im Gegenteil, von hohem Respekt, denn ich nehme seine Religion ernst – und er die meine. Wir können vielleicht die besten Freunde auf Erden werden – aber keine Glaubensbrüder. Mit Sicherheit darf ich mit meinem muslimischen Nachbarn freitags in eine Moschee gehen und beten, auch er darf selbstverständlich in einer Kirche, mit oder ohne mich, beten. Aber keinesfalls darf ein muslimisches Kind in einem Taufbecken spielen, wie auch ich mich nicht an der Kaaba zu schaffen zu machen hätte. Dies ist nicht mangelnder, sondern voller Respekt, denn ich nehme seine Religion für bare Münze und er die meine. Es gibt keinen interreligiösen Dialog, denn dann würden beide Seiten sich nicht mehr ernst nehmen. Womit aber weder ich noch der Muslim noch der fromme Jude etwas zu tun haben, das ist der gottlose Neoliberalismus der globalistischen Eliten. Die Teilnahme eines Christen an diesem Gottlosenprojekt wäre sogar noch weniger entschuldbar, als wenn ein Jude oder ein Muslim es unterstützen würden, denn die *christliche* Religion hat den Liberalismus überhaupt erst möglich gemacht, und der Globalismus fußt auf einem gottlos gewordenen Liberalismus.

Die christliche Religion ist, pointiert gesprochen, für das Böse in der Welt »verantwortlich«, indem sie das vormals Indifferente in Gutes und Böses aufgespalten hat, und zwar so, dass sie das Schlechte durch Christus und die Kirche in ein Mittel für Gutes verwandelt. Der Laizismus ist aus Sicht der katholischen Kirche nichts Gutes, doch er war die Voraussetzung und das Mittel zum Zweck für die Trennung von Staat und Kaiserkult. In diesem Sinne haben die frühen Christen auch die Idolatrie als Verfehlung in die Welt gebracht. Das frühe Christentum hat der römischen Staatsideologie das Kaiserbildnis aus der Hand gerissen. Aber wenig später nahm das Christentum selbst die Verehrung der christlichen Ikone, des christlichen Heiligenbildes, für sich in Anspruch. In Buch 4 seiner *Annalen* (52,2) legt Tacitus der Mutter Neros, Iulia Agrippina, die eine direkte Nachkommin des Kaisers Augustus war, die Worte in den Mund: Nicht in stumme Bilder (»in effigies mutas«) sei der göttliche Geist des Augustus nach seinem Tode gefahren, doch sie selbst sei unmittelbar aus des vergöttlichten Kaisers Blut hervorgegangen, sie sei daher ein echtes Abbild (»imago vera«) des Augustus. Agrippinas trotzige Behauptung belegt, dass im gemeinen römischen Volk der Glaube vorhanden gewesen sein muss, dass der Geist des vergöttlichten Kaisers in seinen Bildnissen wirkt, dass im Kaiserbildnis ein Fenster gegeben ist, durch das der Betrachter auf den zu den Göttern aufgestiegenen Kaiser blicken kann. In dem um 200 n. Chr. entstandenen frühchristlichen apologetischen Dialog *Octavius* des Minucius Felix macht der römische Christ Octavius seinem Gesprächspartner Caecilius wegen einer idolatrischen Handlung Vorhaltungen. Während sie am Strand von Ostia spazieren gehen und an einer Statue des ägyptischen Gottes Serapis vorbeikommen, wirft Caecilius der Serapis-Statue nach heidnischem Brauch eine Kusshand zu. Der Christ Octavius hält seinem Freund nun vor, dass sich in den Statuen und Bildnissen lediglich unreine Geister verbärgen und diese den Bildwerken nur den Anchein einer göttlichen Wirksamkeit gäben. Die hinter den Bildwerken sich versteckenden Dämonen würden den menschlichen Geist herabziehen und ihn vom wahren, unsichtbaren Gott weg- und auf materielle Gegenstände hinlocken. Der römische Christ Octavius bestreitet in dem Dialog also jede Bildwirksamkeit, jede Eigenlebendigkeit von Kaiserbildnissen und Götterstatuen und schreibt das vermeintliche Eigenleben der Bildwerke einer Täuschung durch böse Geister zu. Diese »Bilddämonen« brächten also die menschlichen Sinne und den Verstand in Unordnung. Das Eigenleben der Bilder stecke nicht im Bild selbst, sondern im getäuschten menschlichen Verstand und in den getäuschten menschlichen Sinnen. Aus Minucius Felix geht eigentlich schon die folgenschwere Trennung von Geist und Materie hervor, die das Abendland in seiner ganzen Wucht erst ganze vierzehn Jahrhunderte später in der Philosophie des René Descartes treffen sollte. Auch hier gilt also, dass das Christentum einen Riss in die Welt – in diesem Falle in den abendländischen Geist – hineingebracht hat. Die katholische und die orthodoxe Kirche bekamen diesen Riss freilich über Jahrhunderte hinweg nicht zu spüren, jedenfalls nicht nachhaltig, denn beide schlossen diesen Riss, der von der Frage nach der Rechtmäßigkeit der Bilderverehrung aufgeworfen worden war, bald wieder: Konzilien beschlossen, dass es den Gläubigen gestattet sei, durch das Heiligenbild und die Ikone hindurch den »Prototyp« der dargestellten heiligen Person zu verehren. Der Riss zwischen Geist und Materie, hier in Gestalt einer Trennung zwischen der Bildaktivität und der Bildstofflichkeit im Heiligenbildnis, wurde noch theologisch geheilt.

Aber mehr noch: Das Werden des neuen Menschen in Christus, das heißt das Christ-Werden, setzt eine Einströmung von Gottessubstanz in den menschlichen Körper voraus. Dem Täufling ergeht es ähnlich wie dem eucharistischen Brot in der heiligen Messe. Die Verwandlung der Messgaben Brot und Wein wiederholt – freilich ontologisch wesentlich tiefer reichend – das Einströmen, die Einwohnung von Heilswirksamkeit im Heiligenbildnis. Der innige Zusammenhang zwischen dem Glauben an die Realpräsenz Christi in der Eucharistie und dem Glauben an die Heilswirksamkeit der Ikone wird von der Kirchengeschichte bestätigt, denn die Bilderstürmer, also die Feinde der Heiligenbildverehrung, waren zumeist auch Leugner der Realpräsenz. Ulrich Zwingli leugnete die Realpräsenz, und die Zwinglianer waren Bilderstürmer. Johannes Calvin leugnete, wiewohl im Vergleich zu Zwingli abgeschwächt, die Realpräsenz, und die Calvinisten waren Bilderstürmer. John Wyclif leugnete die Realpräsenz, und die späteren Anhänger Wyclif'schen Gedankenguts, die böhmischen Hussiten, waren Bilderstürmer.

Das christliche Menschenbild, die christliche Lehre von der Person hängt aber aufs Innigste mit dem Mysterium der Inkarnation zusammen, somit aber auch mit der Realpräsenz, somit aber schließlich auch mit der heiligen Gegenwart der Heiligen im Heiligenbildnis. Wo einer dieser Eckpfeiler wankt, da gerät auch das christliche Menschenbild ins Wanken. Ein Zwinglianer, ein Calvinist und ein Hussit können unter »Person« nicht dasselbe verstehen wie der Katholik und der orthodoxe Christ, denn Katholik und orthodoxer Christ sind aus einem anderen ontologischen Stoff gewebt.

Die christliche Religion war die legitime Erbin der graeco-romanischen Kultur in ihren ausklingenden späthellenistischen Akkorden. Die christliche Taufe setzte die Heiligkeit des Wasserelements voraus. Zwar kam für das Christentum die stoische pantheistische Vorstellung von der Göttlichkeit der Welt selbst nicht infrage, sehr wohl aber mussten die Elemente grundsätzlich für die göttliche Gnade aufnahmefähig sein. Vielleicht darf die christliche Religion der Kosmologie der Stoa bis zu jener Schwelle hin folgen, wo der Weltstoff die Inkarnation des göttlichen Logos präfiguriert. Erst jenseits dieser Schwelle würde die christliche Religion zu einem Pantheismus werden. Die Schöpfung gilt auch der christlichen Religion als heilig, und sogar göttliches Heilsgeschehen kann sich in ihr entfalten – allerdings immer unter der bestimmten Prämisse, dass Gott und Welt nicht identisch sind. Die orthodoxe Wasserweihe auf den zugefrorenen Seen und Flüssen des Ostens etwa mag dafür ein Sinnbild sein. Im Sakrament der Taufe kommt die Gnade *im* Stoff des Wassers auf den Täufling herab, doch nicht vom Wasser. Dass sich die Aktionen Gottes nicht im Naturgeschehen erschöpfen: dieser letzte Rest muss auch vom orthodoxen Christen geglaubt werden, er kann nicht (natur-)philosophisch eingeholt werden. Hier bricht der psychophysische Parallelismus ab, an dieser Schwelle beginnt das Geheimnis des Menschen, das das Geheimnis Gottes ist.

Die tätowierten Menschen beweisen, dass der Mensch kein reines Naturwesen ist. Insofern bilden sie ein notwendiges Korrektiv zu den Klimaaktivisten. Wer einen gehörigen Schuss Optimismus mitbringt, könnte sagen, dass die Umweltschutzbewegung etwas Segensreiches an sich hat, weil sie über kurz oder lang der Rechristianisierung des Abendlandes den Weg bereitet – nicht willentlich, nicht eingestanden, nicht beabsichtigt. Gift speiende Chemiefabriken und Rüstungsbetriebe zur Herstellung von Atomwaffen sind eine Kriegserklärung an die Heiligkeit der Schöpfung. Es kann keine katholische Kirche und noch weniger eine orthodoxe Kirche unter dem Dach eines Staates geben, der Dioxine und Atomsprengköpfe herstellen lässt. Der Gedanke, mit radioaktivem Wasser zu taufen, ist grausig. Die Vorstellung, mit dioxinverseuchtem heiligen Öl das Sterbesakrament zu empfangen, ist furchtbar. Sollte sich das Abendland jemals rechristianisieren, dann hoffentlich unter dieser Bedingung: In jedem Chemiewerk wird in der Mitte der Werkshalle ein Taufbecken aufgestellt sein, und im Zentrum eines jeden kerntechnischen Forschungsinstituts wird ein Altar mit dem eucharistischen Schaubrot stehen.

Der Mensch als Teil der Schöpfungsordnung oder der Mensch jenseits der Schöpfungsordnung: darin besteht die kommende Alternative. Es steht zu erwarten, dass auf diejenigen Menschen, die Teil der Schöpfung bleiben, viel Entbehrung zukommen wird, schlimmstenfalls sogar, wo es sich um Christen handelt, das Martyrium, doch zugleich auch der Trost des Im-Willen-Gottes-Seins. Der Mensch jenseits der Schöpfungsordnung, der dafür gewiss einen sehr gut gefüllten Geldbeutel benötigen wird, mag »ewiges« Leben erhoffen, doch wird er zum Gefangenen im transhumanen Bernstein werden. Die künftige Alternative wird sein: *Mensch oder Übermensch*.

Der Vater der abendländischen Vergangenheit war Ackermann, Gärtner, ein Veredler der Natur durch Schaffung von Kultur. Der Vater der nahen Zukunft wird einem Sämann gleichen, der den Erfolg seiner Aussaat nicht in der eigenen Hand behält. Der katholische Vater der nahen Zukunft wird harter Realist und Gottesträumer zugleich sein müssen. Er wird, gleich dem Joseph des Evangeliums, sehr feine Antennen besitzen müssen und die Gabe des Gottestraums, um Frau und Kind vor den Anschlägen eines Herodes in Sicherheit bringen zu können. Der junge Gottesträumer wird der Prüfstein für die Frau sein – wie sie sich zu dem Gottesträumer stellt, so stellt sie sich zum Heil ihrer eigenen Seele. Umgekehrt ist das Mädchen, die junge Frau der Prüfstein für den Mann – wie er sich zum Mädchen und zur jungen Frau stellt, so stellt er sich zum Leben selbst. Gott hat die Frau zur Trägerin des Lebens gemacht. Der Krieg gegen die Frau findet durch Gespenstermänner statt, und der Krieg gegen den Gottesträumer geschieht durch die pervertierte Frau. Die Initiation ist bei beiden Geschlechtern einem Hiatus gleich: Das Mädchen ist von der Frau und Mutter durch einen Zerreißungsvorgang getrennt, und Entsprechendes gilt für den jungen Mann: Der Joseph des Alten Bundes, der Liebling seines Vaters Jakob und der Gottesträumer unter seinen Brüdern, wird erst zum Segen bringenden Mann, zum Ehegemahl Asenats und zum Kanzler des Pharao, nachdem ihn ein wildes Tier zerrissen hatte, das heißt, nachdem er eine innere Umwandlung erfuhr: »Tunica filii mei est; fera pessima comedit eum, bestia devoravit Ioseph«, klagt sein Vater Jakob, »dies ist das Gewand meines Sohnes; ein böses wildes Tier hat ihn gefressen, eine Bestie hat Joseph verschlungen« (Gen 37,33). Der Frau wurde Macht über das Leben anvertraut. Glück und Segen der Menschheit hängen davon ab, wie die Frau mit dieser Gabe umgeht. Der Testfall dieser der Frau anvertrauten Macht ist das ungeborene Leben. Gott hat dem Mann väterliche Vollmacht gegeben. Das Heil von Seelen und Nationen hängt davon ab, ob der künftige Mann sich seiner väterlichen Vollmacht wieder bewusst werden wird.

»Et qui non habet, vendat
tunicam suam et emat gladium.«
(secundum Lucam 22, 36)

Literaturverzeichnis

Zu Kapitel 1

Assmann, Jan: Tod, Staat, Kosmos. Dimensionen des Mythos im Alten Ägypten. In: *Mythos und Mythologie* (hrsg. v. Reinhard Brandt u. Steffen Schmidt), Berlin 2004, S. 23–41.

Hajnal, John: European Marriage Patterns in Perspective. In: *Population in History. Essays in Historical Demography* (hrsg. v. David Victor Glass u. David Edward Charles Eversley), London 1965, S. 101–143.

Hanslik, Erwin: *Kulturgrenze und Kulturzyklus in den polnischen Westbeskiden. Eine prinzipielle kulturgeographische Untersuchung.* Gotha 1907.

Hausdorff, Felix (Pseud. Paul Mongré): Das Chaos in kosmischer Auslese. Ein erkenntniskritischer Versuch [1898]. In: *Gesammelte Werke,* Bd. 7, Philosophisches Werk (hrsg. v. Werner Stegmaier), Berlin 2004, S. 587–807.

Hausdorff, Felix (Pseud. Paul Mongré): Sant' Ilario. Gedanken aus der Landschaft Zarathustras [1897]. In: *Gesammelte Werke,* Bd. 7, Philosophisches Werk (hrsg. v. Werner Stegmaier), Berlin 2004, S. 85–473.

Hausdorff, Felix (Pseud. Paul Mongré): Tod und Wiederkunft [1899]. In: *Gesammelte Werke*, Bd. 8 (hrsg. v. Friedrich Vollhardt u. Udo Roth), Berlin 2010, S. 413–429.

Leibniz, Gottfried Wilhelm: *Hauptschriften zur Grundlegung der Philosophie*, Teil II (übers. v. Artur Buchenau, hrsg. v. Ernst Cassirer), Hamburg 1996.

Leibniz, Gottfried Wilhelm: *Kleinere philosophische Schriften* (hrsg. v. Robert Habs), Leipzig 1884.

Leibniz, Gottfried Wilhelm: *Monadologie und andere metaphysische Schriften. Dicours de métaphysique. La monadologie. Principes de la nature et de la grâce fondés en raison. Französisch–Deutsch* (hrsg. v. Ulrich Johannes Schneider), Hamburg 2002.

Nietzsche, Friedrich: *Kritische Studienausgabe* (hrsg. v. Giorgio Colli u. Mazzino Montinari). 2., durchges. Aufl. München 1988. Daraus: *Morgenröte. Idyllen aus Messina. Die fröhliche Wissenschaft* (Bd. 3) u. *Also sprach Zarathustra* I–IV (Bd. 4).

Zu Kapitel 2

Harnack, Adolf von: *Das Wesen des Christentums. Sechzehn Vorlesungen vor Studierenden aller Facultäten im Wintersemester 1899/1900 an der Universität Berlin gehalten*, Leipzig 1902.

Harnack, Adolf von: *Marcion: Das Evangelium vom fremden Gott. Eine Monographie zur Geschichte der Grundlegung der katholischen Kirche*, 2., verb. u. verm. Aufl., Leipzig 1924.

Harnack, Adolf von: *Die Mission und Ausbreitung des Christentums in den ersten drei Jahrhunderten*, 2 Bde., 2., neu durchgearb. Aufl., Leipzig 1906.

Jonas, Hans: *Gnosis und spätantiker Geist. Zweiter Teil: Von der Mythologie zur mystischen Philosophie. Erste und zweite Hälfte* (hrsg. v. Kurt Rudolph), Göttingen 1993.

Pohlenz, Max: *Die Stoa. Geschichte einer geistigen Bewegung*, 7. Aufl., Göttingen 1992.

Reinhardt, Karl: *Poseidonios*. München 1921.

Zu Kapitel 3

Florenskij, Pavel: *Die Ikonostase. Urbild und Grenzerlebnis im revolutionären Russland* (Einf. v. Ulrich Werner), Stuttgart 1988.

Gröning, Karl: *Geschmückte Haut. Eine Kulturgeschichte der Körperkunst,* 2. Aufl., München 2001.

Jaffé, Aniela: Bildende Kunst als Symbol. In: *Der Mensch und seine Symbole* (hrsg. v. C. G. Jung u.a.), 15. Aufl. d. Sonderausg., Zürich u. Düsseldorf 1999, S. 231–271.

Loos, Adolf: Ornament und Verbrechen [1908]. In: *Sämtliche Schriften in zwei Bänden,* Bd. 1 (hrsg. v. Franz Glück), Wien 1962, S. 276–288.

Worringer, Wilhelm: *Formprobleme der Gotik,* 2. Aufl., München 1912.

Abbildungsnachweise

Seite 12: British Library · Alamy Stock Photo
Seite 139: Dennis Hallinan · Alamy Stock Photo
Seite 160: Karl-Heinz Krieg (Erben)
Seite 162: imageBROKER · Alamy Stock Photo

Zusammenfassung in Schlagworten

Kapitel 1:

Hausdorff und Nietzsche: die Welt »an sich« nur Chaos; kosmisches Zufallsspiel, Bewusstsein als Atomschwarm; Ewige Wiederkehr des Gleichen; Vergangenheit und Zukunft bloße Extrapolationen der unmittelbaren Gegenwart; Pluralität der Welten bei fehlendem Weltkern.

Leibniz, Monadologie, Monaden als organische Wahrnehmungszentren; gemeinsamer Weltkern mit vielen Perspektiven darauf; Erzählungen von der Welt, Visionen und Wirklichkeitsbau.

Ordnung und Chaos; politische Utopie; Wirklichkeitsblasen und Wirklichkeitskorridore; Deutsche Ostsiedlung, Hajnal-Linie, Mitteleuropa.

Kapitel 2:

Christliche Religion eine Complexio oppositorum; Gnosis und Marcions Evangelium vom fremden Gott, Zweigötterlehre; Offenbarungsreligion, Buchreligion und die katholische Religion des Lebens; spätantiker und moderner Nihilismus; gnostische Irrationalisierung der exakten Wissenschaften.

Protestantischer Schuldkomplex und Klimareligion; Klimareligion als Wiederkehr des Marcionismus, Transhumanismus als Wiederkehr der gnostischen Selbsterlösung.

Zeitgeist-Christentum und Islam; untreu gewordener Katholizismus; digitale Schau und Gottesschau; hat die christliche Religion Europa und der Welt noch etwas zu geben?

Kapitel 3:

Person, Per-sonum, Individuum; Ikone und Eigenaktivität des Bildes.

Weltangst des nordischen Menschen, gotischer Stil, keltogermanische Ornamentik und Tätowierung; der Tätowierte macht sich zum Symbol; Transzendenzvektor des nordeuropäischen Menschen.

Sartre, Existenzialismus, existenzieller Nullzustand; Tätowierter und Getaufter sitzen im selben Boot; Heiligenbild, Bildwirksamkeit, Realpräsenz; Bilderstürmer leugnen auch die Realpräsenz; Mensch oder Übermensch; Menschwerdung, Frauwerdung, Mannwerdung.

BEREITS ERSCHIENEN

Volker Wittmann
LOGIKFIBEL
Eine Schulung im Denken und Argumentieren

Politische Diskurse und veröffentlichte Meinung sind im 21. Jahrhundert nicht nur von Monotonie, sondern, schlimmer noch, von methodischer Verluderung und intellektuellem Verfall geprägt. Logik, die Elementarlehre vom »tauglichen Denken«, hat in ihrer ehrwürdigen zweieinhalbtausendjährigen Geschichte einen Grundbestand an Methoden und Regeln hervorgebracht, der geeignet ist, die Quellen zahlreicher Denkirrtümer trockenzulegen. Begriffe, Urteile und Schlüsse müssen nach diesen Regeln gebaut sein, sonst sind sie Machwerk oder Lug. Seit etwa vierzig Jahren löst sich dieser Bestand auf: statt Argumentationsketten immer mehr Geschnatter und Geschrei. Volker Wittmann legt hier eine allgemeinverständliche Logikfibel vor – eine Anleitung zum tauglichen Denken und zugleich das Mittel, Argumente von Gerede zu unterscheiden.

250 Seiten. Gebundene Ausgabe. Fadenheftung
ISBN 978-3-948075-61-3

www.manuscriptum.de

BEREITS ERSCHIENEN

Jörg Guido Hülsmann
DIE WIRTSCHAFT UND DAS UNENTGELTLICHE
Kostenlose Güter zwischen Kapitalismus und Staat

Die Welt wird kommerzialisiert, finanziell ausgebeutet und besteuert. Doch Ökonom Jörg Guido Hülsmann betont die Existenz unentgeltlicher Güter. Der Mensch kommt mittellos und geht mittellos. Trotz ihrer Bedeutung werden diese Güter von Ökonomen vernachlässigt. Hülsmanns Buch untersucht verschiedene Wege, wie Güter unentgeltlich bereitgestellt werden. Unentgeltliche Güter und Märkte stehen in symbiotischer Beziehung zueinander. Ein angemessenes Gleichgewicht zwischen unentgeltlichen und zahlungspflichtigen Gütern ändert sich mit kulturellen, politischen und wirtschaftlichen Umständen. Es entsteht, wenn Menschen frei innerhalb ihrer Eigentumsrechte handeln können. Staatsgewalt kann dieses Gleichgewicht jedoch stören.

562 Seiten. Gebundene Ausgabe. Fadenheftung
ISBN 978-3-948075-53-8

www.manuscriptum.de

BEREITS ERSCHIENEN

Michael Esders
OHNE BESTAND
Angriff auf die Lebenswelt

Die westlichen Gesellschaften zerstören ihre Bestände rückstandslos. Wo man lange Zeit noch Fahrlässigkeit im Transformationsrausch vermuten konnte, steht Vorsatz nun außer Zweifel. Die Attacken zielen die ungeschriebene Grammatik der Gewohnheiten, die tragenden und gründenden Strukturen der Lebenswelt, das Fundament einer bestandserhaltenden Rationalität und den welterschließenden Bedeutungshorizont der Sprache. Und sie gipfeln in einem Angriff auf die uns geläufige Wirklichkeit, deren Maßgeblichkeit außer Kraft gesetzt wird. Kann eine Gesellschaft ohne Bestände Bestand haben? Michael Esders verknüpft in seinem neuen Buch die Inventur einer Gesellschaft am sozialen Nullpunkt mit einer nuancierten Positionsbestimmung konservativen Denkens.

284 Seiten. Klappenbroschur. Fadenheftung
ISBN 978-3-948075-48-4

www.manuscriptum.de

BEREITS ERSCHIENEN

Frank Lisson

GRIECHENTUM UND DEUTSCHER GEIST

Anatomie einer Sehnsucht

Ab dem 18. Jahrhundert wurde unter deutschen Neuhumanisten die Idee zur Forderung erhoben, daß es einen höheren menschlichen Sinn jenseits des bloß Utilitaristischen und Opportunen geben müsse. Und man meinte, daß diese Forderung oberste pädagogische Priorität zu genießen habe. Darin bestand die vielleicht bedeutendste deutsche Mission zum Wohle Europas, die freilich von vornherein zum Scheitern verurteilt war. Um die Sehnsucht nach dem »freien, stolzen, schöpferischen Geist« zu rekonstruieren, spannt Frank Lisson (*1970) einen weiten Bogen vom »Homer-Erlebnis« über die Platon-, Sokrates- und Ödipus-Rezeption bis hin zum Ideal klassischer Bildung.

684 Seiten. Gebundene Ausgabe. Fadenheftung

ISBN 978-3-948075-51-4

www.manuscriptum.de